ココミル

cocomiru

福井

東尋坊
恐竜博物館

すてきな思い出
作りましょ♪

高さ16mのレインボーサウルスがシンボルの福井県立恐竜博物館(P42)。
右側が新ドーム「小タマゴ」

自然と歴史が息づく「恐竜王国」
新しい景色と出逢いに、いざ福井へ

左から：三方五湖すべてと若狭湾が一望できるレインボーライン山頂公園の五湖テラス(P98)／
鎌倉時代から続く禅の最高峰・大本山永平寺(P38)／ノスタルジックな港町に似合う敦賀赤レンガ倉庫(P95)

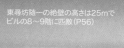
東尋坊随一の絶壁の高さは25mで
ビルの8〜9階に匹敵(P56)

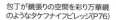
包丁が鏡張りの空間を彩り万華鏡
のようなタケフナイフビレッジ(P76)

今、気になる
福井

甘味処 てまり (P89)
のこまり箱

歴史ある寺社仏閣や城下町をめぐり
豊かな自然が織りなす絶景に感動

東尋坊の岩
場至近、商店
街にあるIW
ABA CAFE
(P58)でスイ
ーツを

「天空の城」越前大野城(P46)。
雲海高発生率は11月下旬〜1月中旬

大野の城下町を彩る
武家屋敷旧田村家の風車棚(P48)

雄島の変化する風景をアートで表現する
Brilliant Heart Museum(P67)

壮麗な鳥居をもつ氣比神宮(P94)は敦賀の町歩きで巡りたい

3

O-edo+（P81）のカフェタイムには
人気のマフィンやワッフルを提供

老舗寿司店が営む寿司カフェ O-edo+（P81）で新鮮魚介の創作寿司を

自分用みやげにも
ぴったり、若廣の
小浜名物・焼き鯖
すし（P33）

グルメ

海の幸と、大地の恵み
「美食の国」の絶品グルメに舌鼓

オムライスとカツ
のコラボレー
ション、てっ
ぺいのボルガ
ライス（P25）

敦賀湾などで
水揚げされた
極上ネタが大
盛りの海鮮丼
（P67）

毎年11〜3月に解禁され
る冬の名物。越前がに
（P82）

越前そばと珈琲
HAMA庵（P85）
の宇治抹茶のと
ろとろチーズクリ
ーム（数量限定）

自家製粉の亀蔵（P86）のそばをボリューミーなかき揚げと辛み大根おろしのツユで

東尋坊を望むオーシャンビューの
IWABA CAFE（P58）でカフェタイム

露天風呂付き客室を備える
名宿が多いあわら温泉(P62)

大きな窓から四季折々の風景を望める
ホテル八木のラウンジ(P65)

あわら温泉のグラ
ンディア芳泉(P64)
に登場したオシャレ
な恐竜ルーム

温泉

関西の奥座敷として愛される
開湯約140年の名湯へ

温泉文化の残るあわら
温泉で芦原芸妓による踊
りやお座敷遊びを体験

山海の幸を贅沢
に盛り込んだま
つや千千の絶品
料理(P66)

約1500年の歴史がある
越前漆器、うるしの里会館
(P78)の夫婦吸物椀

水羊かんは冬が旬。
大正時代からの風
習で今も丁寧に手
作りされる(P68)

おみやげ

日々の暮らしを彩る福井の手しごとや、
自慢の特産品をお持ち帰り

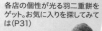

錦梅堂の羽二重餅は
約170年の歴史を持つ
(P30)

越前織工場
が作る手芸リ
ボン"レピヤン
リボン"で作っ
たポップな袱
紗(P34)

各店の個性が光る羽二重餅を
ゲット。お気に入りを探してみて
は(P31)

越前漆器の職人技をスタイリッシュに発信するHacoaダイレクトストア 福井店(P79)

福井ってどんなところ？

豊かな海と自然に囲まれた
伝統受け継ぐものづくりの街

福井県はオタマジャクシのような形をしていて、県の真ん中に位置する木ノ芽峠を境に北寄りを「嶺北」、南寄りを「嶺南」とよびます。2024年3月には、北陸新幹線が敦賀まで延伸し首都圏方面からのアクセスが良好に。JR福井駅の周辺には恐竜王国・福井らしい恐竜のモニュメントが旅行者を出迎えてくれます。古刹・永平寺、絶景の東尋坊、あわら温泉、若狭鯖街道などみどころも豊富です。

福井駅周辺/2024年3月の北陸新幹線延伸に合わせて、駅周辺は新施設も目白押し！(☞P34)

越前／旅館はまゆう 松石庵
カニみそ甲羅焼き（コースでの提供）
(☞P83)

おすすめシーズンはいつ？

越前がにや若狭ふぐがおいしい
晩秋～初春がおすすめ

福井県沖で水揚げされたオスのズワイガニを「越前がに」といいます。漁期は毎年11月6日～3月20日と決まっているので、この期間を目指して食べに行きましょう。また、日本最北端のトラフグ海面養殖地でとれる高級食材の若狭ふぐは季節を問わずいただけますが、旬は同じく11月から3月です。

福井へ旅する前に
知っておきたいこと

幸福度ランキング5年連続全国1位に輝いた福の国・福井。
主要観光地への直通バスや鉄道を使ったアクセスがよいので、
福井をまるごと楽しめるプランで自分らしい旅を楽しみましょう。

どうやって行く？

東京からは北陸新幹線
名古屋、関西からは特急か車で

空の便もありますが、東京から福井駅までは北陸新幹線で最速2時間57分です。名古屋からは米原経由で東海道新幹線、特急しらさぎ、北陸新幹線を使うか、敦賀まで直通の特急しらさぎと北陸新幹線で。関西圏からは特急サンダーバードと北陸新幹線が最速です。大阪から車での移動は3時間15分。福井ICから市街地へは約15分で着きます。

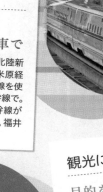

北陸新幹線W7系

観光にどのくらいかかる？

目的を絞れば1泊で十分
たっぷり楽しむなら2泊3日

主要観光地を4つのエリアごとに移動するのがおすすめ。エリア内は鉄道＋バス・タクシー、高速道路を利用。福井市内には路面電車も走っています。県内No.1観光地の東尋坊（☞P56）、福井県立恐竜博物館（☞P42）、大本山永平寺（☞P38）、一乗谷朝倉氏遺跡（☞P28）、三方五湖（☞P98）、小浜（☞P102）など。「ここに行きたい！」を優先した1泊2日も、もっと足を延ばして2泊3日のプランも素敵。

敦賀／北陸初のエレベーターがある敦賀市立博物館（☞P94）

必見スポットはどこ？

福井に来たら東尋坊はマスト！
歴史ある街並みのお散歩も◎

断崖絶壁に打ち寄せる波と崖上に吹く海風がダイナミックな東尋坊は一度は訪れたい絶景スポットです。東尋坊タワーから海を見渡したり、観光遊覧船から崖を見上げるのも最高です。県内各地に残るレトロな街並みや宿場町を散策したり、日本遺産認定の一乗谷朝倉氏遺跡では戦国時代の福井の城下町も体感できます。福井県立恐竜博物館では恐竜時代にタイムスリップ！

福井タウン／一乗谷朝倉氏遺跡 約400年前の城下町を再現（☞P28）

ぜひ味わいたいグルメは？

日本海の海鮮はもちろん、ご当地グルメにも挑戦

海沿いでは新鮮な魚介類が活気あふれる市場に並びます。丼の中に宝石のように魚介が散りばめられた海鮮丼はどこから食べようかと迷ってしまうほど。福井県沖で水揚げされた極上の越前がには冬限定の珠玉の味。福井のソウルフードの代表、オムライスの上にカツがのったボルガライス、ツンとくる大根の搾り汁にハマる越前おろしそばも堪能できます。

福井タウン／群青の海鮮丼（☞P27）

福井タウン／お食事処 定食の店 てっぺいの「ビーフカツボルガライス」（☞P25）

鯖江／めがねミュージアムの工房で糸のこぎりを使ったフレーム作りを体験できる（☞P74）

福井らしい体験をしたいなら？

オリジナルのめがね作りや和紙の紙漉き体験に挑戦

100年以上の歴史があり、国産めがねフレーム生産量の9割のシェアを占める福井県。めがねミュージアム（☞P74）の体験工房、めがね手作り教室に参加して、世界で一つのめがねを手作りしましょう。また、越前和紙の里（☞P77）では見る、買うだけでなく、伝統工芸士の指導のもと、自分だけのオリジナル越前和紙をつくることができます。

越前／卯立の工芸館で「流し漉き」に挑戦できる（☞P77）

ドライブするなら？

越前海岸や三方五湖レインボーラインがおすすめ

越前海岸に沿って伸びる漁火街道（国道305号）は、自然がつくり出した岩場や美しい海が目の前に広がる絶好のドライブルート。ダイナミックな洞穴、呼鳥門（☞P72）に立ち寄ったり、越前グルメでお腹を満たしましょう。5つの湖がきらめく三方五湖をぐるっと一周できる三方五湖レインボーライン（☞P98）の車旅では、湖それぞれの表情を楽しむことができます。

越前海岸／呼鳥門周辺は整備されて休憩スポットとして利用可（☞P72）

三方五湖／5つの湖は水質や水深が違い、異なる青色に見えて美しい（☞P98）

あわら温泉／あわら湯のまち駅前には5種類の浴槽がある無料の足湯施設「芦湯」が（☞P63）

福井タウン／ホテルリバージュアケボノの朝食はお幸ざい（福井の惣菜）を自由に選べる。恐竜ルームも人気。

宿に泊まるなら？

福井タウンや敦賀のホテルが便利
温泉でくつろぐならあわら温泉へ

県内観光の拠点・福井タウンには駅周辺に個性派シティホテルが揃っています。恐竜王国に来たからには、恐竜ルームを設けているホテルで恐竜と眠る!? のも◎。嶺南の中心地、港町・敦賀も散策や観光地への移動に便利。閑静な田園に宿が建ち並ぶ温泉街・あわら温泉は74本もの源泉があり、宿ごとに泉質が違うのが特徴です。

おみやげは何がいい？

テッパンは名物羽二重餅
伝統工芸品も福井ならでは

口に入れた途端ふわっと溶ける羽二重餅は、逸品揃いの福井みやげの定番です。季節限定品や変わり種など各店舗ごとの違いも楽しめます。ものづくりが盛んな福井では伝統工芸士の技を見られる工房を訪ねたり、実際に体験したり。使うほどに手に馴染む工芸品を旅の思い出に持ち帰りましょう。

越前焼の小皿や飯椀はおみやげにぴったり（☞P78）

錦梅堂の羽二重餅（☞P30）

福井 東尋坊 恐竜博物館って こんなところ

西の海側から東の山側まで観光地が点在。
北陸新幹線が敦賀まで延伸しアクセス良好です。

観光のみどころは 大きく4つのエリア

旅の拠点の福井タウンと、その近郊にある永平寺・勝山エリア。北部海側の東尋坊・あわら温泉エリアは絶景・海鮮・温泉の三大観光が揃います。海岸線をドライブできる越前海岸や手しごとが息づいている越前・鯖江エリア。湖畔の風が心地よい敦賀・三方五湖エリアには、歴史ある街並みも多く残っています。

嶺北（れいほく）と嶺南（れいなん）で プランを組み立てる

オタマジャクシに例えて頭の部分が南越前町以北7市4町の「嶺北（越前）」。尾の部分が敦賀市以南2市4町の「嶺南（若狭）」です。文化や風習も違い、電力会社も別々。嶺北は首都圏から新幹線や在来線の利用でアクセスできます。嶺南は近畿圏からも近く、鉄道やレンタカーで楽しめます。それぞれ1泊2日から2泊3日のスケジュールが最適。シティホテル、温泉旅館などステイ先も多彩なのでプランも立てやすいです。

石川県
福井
福井県　嶺北
嶺南
敦賀
岐阜県
京都府　滋賀県

福井タウン・永平寺・勝山
ふくいたうん・えいへいじ・かつやま
（1）
・・・P19

旅の拠点となる福井の中心地・福井タウン。日本最大級の恐竜博物館のある勝山市へのゲートタウンでもあります。700年以上の歴史を持つ古刹・大本山永平寺では禅の心に触れられます。

▲福井駅西口恐竜広場の「動く恐竜モニュメント」

▶大本山永平寺の山門と仏殿の間に位置する「中雀門」は彫刻装飾が見事（☞P38）

敦賀・三方五湖・小浜
つるが・みかたごこ・おばま
（4）
・・・P91

国際港として発展した敦賀は、風情あふれる港町。5つの湖が違った色に見える三方五湖ではジェットクルーズや釣りなどが楽しめます。また、鯖街道の起点小浜では新鮮なサバを味わい尽くせます。

N
0　　　10km

若狭湾
松尾寺駅　若狭和田駅　若狭高浜駅　三松駅　青郷駅　若狭本郷駅
小浜線
舞鶴若狭自動車道
162

▲三方五湖は「日向湖」「久々子湖」「水月湖」「菅湖」「三方湖」からなる（☞P98）

▲県産牛、三国産のらっきょが入った三國バーガー（☞P61）

▶名旅館が並ぶ「あわら温泉」は北陸有数の温泉地（☞P63）

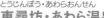

とうじんぼう・あわらおんせん
東尋坊・あわら温泉 ②
···P53

北陸有数の景勝地・東尋坊はマグマからできた火山岩の一種です。崖の上から造形を見た後は東尋坊観光遊覧船に乗って迫力ある大奇岩群をクルーズ。レトロな三国湊を散策したら、宿泊は「関西の奥座敷」と親しまれる名湯・あわら温泉へ。

▼景観保護のため柵がない断崖絶壁の「東尋坊」（☞P56）

えちぜん・さばえ
越前・鯖江 ③
···P69

ものづくりが盛んで伝統工芸品の越前和紙や越前漆器、100年以上の歴史をもつ鯖江のめがねが有名です。越前がにのふるさとと越前海岸の絶景ドライブも爽快です。

個性的な岩場が続く「越前海岸」は景色も海の幸も大満足（☞P72）

◀大根おろしの汁入りのだしをかける「越前そば」（☞P84）

▶「越前漆器」は1500年続く伝統工芸品（☞P78）

1日目

出発〜！

9:54 福井駅

東京から北陸新幹線で乗り換えいらず。以前より約30分早い2時間57分で到着。

11:15 大本山永平寺

13世紀に道元禅師が開いた坐禅道場。全国から修行僧（＝雲水）が集う名山（☞P38）。

吉祥閣の大広間で永平寺の歴史、概要などの丁寧な説明を受けてから先の伽藍へ向かう。

七堂伽藍は、雲水が修行を行う神聖の場。マナーを守りながらじっくり巡ってみよう。

12:00 永平寺の門前町

蔵を改装したモダンな店内に伝統工芸品がずらりと並ぶ越前焼ギャラリー寧波（☞P41）。

14:00 ヨーロッパ軒総本店

福井で愛されてきたカツ丼は、卵でとじずに店ごとの秘伝のソースで仕上げる（☞P24）。

16:00 三国湊

レトロな街並みと建築が残る三国湊きたまえ通りを散策。町家をリニューアルした店舗も（☞P60）。

17:15 東尋坊

約1kmにわたって続く、高さ20m以上の絶壁。国の天然記念物にも指定されている（☞P56）。

サスペンスドラマの刑事気分……？

東尋坊は美しい夕日が望めることでも知られる。日没の時間を調べて訪れたい。

18:20 あわら温泉

あわら湯のまち駅に着いたら少し寄り道。無料の芦湯でほっとひと息つけます（☞P63）。

19:30 温泉宿

74本の源泉を有するあわら温泉。保温効果の高い食塩泉が自慢のホテル八木（☞P65）。

厳選食材のこだわりビュッフェ

夕食は地元あわらの食材を中心に全国から食材を厳選。専属パティシエによるスイーツも。

1泊2日で
絶景も温泉も歴史も楽しむ旅

嶺北コース

東京から始発の北陸新幹線「かがやき」で福井の北部を巡る欲張りプラン。
1日目は福井駅であわら温泉宿泊者限定のえちぜん鉄道フリーきっぷを手に入れ、
2日目に芦原温泉駅でレンタカーを借りて海岸線をドライブしながら鯖江方面へ。

2日目

Let's ドライブ！

9:30 あわら湯のまち駅

少し早めにチェックアウトしたら、歩いてすぐのあわら湯のまち駅からバスに乗車。

10:30 芦原温泉駅

北陸新幹線も停車するあわら温泉の玄関口。ここでレンタカーを借りて出発。

11:10 一乗谷朝倉氏遺跡

一乗谷を本拠に1世紀以上越前を支配した戦国大名・朝倉氏の遺跡を散策（☞P28）。

野菜はいかが？

復原町並では土・日曜、祝日などに戦国時代の暮らしを体験できるイベントも。

12:30 亀蔵

大きくて分厚いいかき揚げと一緒に、福井名物の越前おろしそばを味わえる名店（☞P86）。

13:45 めがねミュージアム

めがねの産地・鯖江の歴史を学べる。古いめがね作りの道具などを紹介している。（☞P74）

かわいい♪

ミュージアムショップでメガネモチーフのおみやげをゲット。バラマキみやげにもぴったり。

15:15 884 HAYASHI 珈琲

蔵の辻にある古民家カフェで癒やしのティータイム。店長のおすすめはみたらし団子（☞P88）。

16:50 越前海岸

海岸線に沿うように快適なドライブルートが続く。時間があれば道の駅でおみやげを（☞P72）。

16:50

呼鳥門は日本海の荒波や風が形成した洞穴で、鳥が羽を広げる姿に似ていることが由来。

17:45 ハピリン

福井駅西口にある複合ビル。福井の特産品を揃えたショップやグルメが揃う（☞P35）。

18:30 福井駅

帰りも乗り換え無しで東京までのんびり新幹線旅。旅の思い出を胸に帰路へ。

日程に余裕があればぜひ！

2泊3日ならひと足のばして人気スポットへ

福井県立恐竜博物館

2023年にリニューアルした福井県立恐竜博物館（☞P42）。本館の展示化石がスケールアップし、新館もオープン。福井駅からえちぜん鉄道で最寄りの勝山駅まで約1時間ほど。

日本海さかな街

日本海に面する敦賀にある、鮮魚と水産加工品を中心に、地酒や銘菓など敦賀の名産品が揃う味のテーマパーク（☞P96）。飲食店も豊富で、海鮮グルメやショッピングが満喫できる。

出発～！

11:00 敦賀駅

旅の始まりは福井の南の玄関口、敦賀駅から。北陸新幹線延伸で、駅の周りも賑やかに。

11:10 敦賀市立博物館

港町敦賀の歴史に関する資料のほか、美術品なども展示する（☞P94）。

12:00 日本海さかな街

日本海側最大級の市場。グルメもショッピングも楽しむことができます（☞P96）。

12:30 はまやき安兵衛

日本海さかな街内で焼鯖定食に舌鼓。炭火で焼いたサバの香ばしい煙に惹かれます（☞P96）。

13:45 氣比神宮

赤い大鳥居は日本三大木造鳥居に数えられ、国の重要文化財指定も受けている（☞P94）。

地元で愛され続ける「けいさん」にお参り

伊奢沙別命をはじめ7柱を祀っており、無病息災など生活全般のご利益もあります。

14:30 カフェ茶屋 珈夢

築約100年の古民家を改修した和空間。豊富なスイーツとコーヒーを楽しみましょう（☞P95）。

15:30 複合施設「otta」

TSURUGA POLT SQUARE「otta」（☞P95）へ。ホテルに荷物をおいても◎。

「otta」内の公設書店ちえなみき。3万冊を超える書棚空間に圧倒されます（☞P95）。

17:45 敦賀赤レンガ倉庫

国際都市として栄えた敦賀の象徴（☞P95）。日が落ちてからは幻想的な光景が見られます。

18:00 Sogno-Poli

赤レンガ倉庫内のSogno-Poli（☞P97）のディナーコース6000円～でプチ贅沢を。

20:30 敦賀のホテル

敦賀観光を満喫したあとは、宿でくつろいで、明日に備える。ホテルは敦賀駅周辺に点在。

1泊2日で 港町めぐりとドライブを満喫

嶺南コース

敦賀を起点に車で福井南部を巡る2DAYSドライブプラン。
1日目は風情あふれる港町・敦賀のノスタルジックな街を楽しみ、
2日目は若狭湾を望む三方五湖や宿場町・熊川宿へ。

9:30 道の駅 若狭美浜
はまびより

水産物直売所をはじめ自家製生パスタやパンケーキ、本格オーセンティックBARも(☞P90)。

10:40 三方五湖
レインボーライン

ぐるっと三方五湖をドライブ。雄大な眺めを満喫しましょう(☞P98)。

ケーブルカーでらくらく♪

11:00

駐車場と山頂公園はケーブルカーかリフトで行き来します。アトラクションみたいでワクワク？

11:10 レインボーライン
山頂公園

レインボーラインの中心に位置し、足湯やソファに座りながら若狭湾を一望できる(☞P98)。

11:30

山頂公園にはかわいいパフェやスイーツを食べられる和風カフェ「五湖庵」があります。

12:00

東の展望台にある足湯では山頂からの大パノラマを望める。

12:40 若狭フィッシャー
マンズ・ワーフ

2階の海鮮レストランでランチ。1階はショッピングやお寿司のテイクアウトが可能(☞P103)。

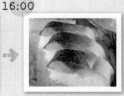

若狭フィッシャーマンズ・ワーフ内にある「海幸苑」では旬の地魚を使った料理を楽しめます。

14:30 熊川宿

鯖を運ぶ街道の宿場町だった熊川宿(☞P100)。平日はお休みの店も多いので要注意。

15:00 道の駅
若狭熊川宿

若狭の特産品を販売する直売所や鯖寿しが味わえる食堂も。おみやげはここでGet(☞P100)。

16:00

葛と鯖寿しの店 まる志ん(☞P101)の鯖寿しをいただく。旨みの詰まった逸品です。

18:00 敦賀駅

熊川宿から舞鶴若狭自動車道経由で敦賀駅まで約50分。レンタカーを返却して帰路へ。

日程に余裕があればぜひ！

2泊3日ならひと足のばして嶺北エリアへ

名勝・東尋坊で絶景鑑賞

世界に3カ所しかないという広範囲な柱状節理は大自然のアートを鑑賞しよう。景観保護のため不安定な岩場には柵などが設置されていないので、自然本来の姿を体感できる。遊覧船での周遊もおすすめ(☞P56)。

めがねの聖地・鯖江

世界的産地でもある福井・鯖江産めがねは国内めがねフレーム生産量の約9割を占める鯖江へ。めがねミュージアム(☞P74)には、めがね作り体験ができる工房もある。

ココミル⁺
cocomiru

福井
東尋坊 恐竜博物館

Contents

●表紙写真
表）勝山市 ホワイトザウルス（P45）／うるしの里会館
夫婦吸物椀（P88）／大本山永平寺 傘松閣（P38）／え
に・かにの蔵 海鮮丼（P67）／レインボーライン山頂公園
（P98）／めがねミュージアム 体験工房で作るフェイス
キーホルダー（P76）／敦賀赤レンガ倉庫（P95）
裏）東尋坊（P56）／タケフナイフビレッジ（P74）／氣比
神宮（P94）

東尋坊・あわら温泉へ 断崖絶壁の絶景に感動

日本海の美景と新鮮な海の幸の宝庫 福井が誇る伝統工芸も要チェック！

敦賀・三方五湖・小浜で 絶景と若狭湾の恵みを堪能

〈マーク〉

観光みどころ・寺社
プレイスポット
レストラン・食事処
居酒屋・BAR
カフェ・喫茶
みやげ店・ショップ
宿泊施設
立ち寄り湯

〈DATAマーク〉

☎ 電話番号
住 住所
¥ 料金
開館・営業時間
休 休み
交 交通
P 駐車場
室 室数
MAP 地図位置

敦賀まで延伸しアクセス便利に
北陸新幹線で行く北陸縦断の旅

2024年3月、北陸新幹線が敦賀まで延伸。
東京から敦賀へは直通で3時間8分、大阪から敦賀以北への旅が快適に。

東京～敦賀へ直通9往復
車窓から風景もよく見える

福井県内には新たに芦原温泉駅」「福井駅」「越前たけふ駅」「敦賀駅」の4つの北陸新幹線新駅が誕生し、新駅から県内主要観光エリアへのアクセスも一層スムーズになった。延伸区間では透明の防音壁が取り入れられ車窓からの景色も眺められる。新駅開業に合わせて駅周辺整備では駅隣接の複合商業施設や道の駅が登場し、"乗降する駅"だけでなく、駅舎もまるごと旅のテーマパークに。大阪からは特急サンダーバードで、敦賀駅まで1時間20分で到着。そこから新幹線で北上すれば福井や金沢、富山まで快適にアクセスできる。

▲将来的には新大阪までの延伸する予定

▶立山連峰の壮大な眺めは富山駅の前後で

▲金沢-福井間は17分ほど

新幹線「かがやき・はくたか」

特急「能登かがり火」

新幹線「つるぎ」

特急「しらさぎ」

▼北陸新幹線沿いに見える敦賀湾

特急「サンダーバード」

和倉温泉・金沢・富山・黒部宇奈月温泉・糸魚川・上越妙高・新高岡・新高岡・飯山・加賀温泉駅・小松駅・芦原温泉・福井・越前たけふ・長野・敦賀・米原・名古屋・高崎・大阪・東京

▲2023年9月に完成した敦賀駅。
関西・中京方面の特急が乗り入れる

18席だけの「グランクラス」で
ごほうび旅はいかが？

北陸新幹線に設置された「グランクラス」では、1列3席の広々とした座席で、後ろを気にせず最大45度リクライニングできる。『かがやき』ではお酒や季節ごとの軽食も楽しめる。

黒龍酒造の「九頭龍 純米」

まずは旅の起点となる福井タウンへ
歴史感じる永平寺・勝山も訪れましょう

北陸新幹線の延伸で福井駅周辺には新スポットが続々登場。
駅周辺で地元グルメやおみやげ探しを満喫しましょう。
ひと足のばして、日本最高峰の禅道場・大本山永平寺で心を鎮め、
エリアの締めは人気の福井県立恐竜博物館で恐竜たちとご対面

これしよう！
福井県立恐竜博物館
実物化石に対面
全身骨格標本の50体のうち10体もの実物の化石がある（☞P42）

これしよう！
福井駅の商業施設で
グルメ＆買い物
JR福井駅から徒歩1分の複合施設で福井の逸品をゲット（☞P24・35）

これしよう！
永平寺で230枚の
花鳥画を鑑賞
傘松閣を忠実に復元した160畳の「絵天井広間」（☞P38）は圧巻

旅のゲートタウンと名所ひしめくエリア

福井タウン・永平寺・勝山

ふくいたうん・えいへいじ・かつやま

福井タウン・
永平寺・勝山は
ココにあります！

福井タウン・
永平寺・勝山

日本海

福井　越美北線
北陸新幹線
敦賀
若狭湾　湖西線
小浜線　北陸本線

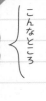

こんなところ

福井県の玄関口である福井タウン。福井駅周辺にはローカルフードや海鮮が味わえる食事処やおみやげ店が集結する商業施設が密集している。今も多くの修行僧が入山する日本最高峰の禅道場・大本山永平寺で心を鎮めたら恐竜の聖地・勝山へ！

access

●各方面から福井駅へ
☞P104

●福井駅から
JR福井駅からえちぜん鉄道勝山永平寺線で永平寺口駅まで25分、勝山駅まで54分。駅からそれぞれバス乗車。

問合せ
☎0120-840-508
えちぜん鉄道(お客様相談室)

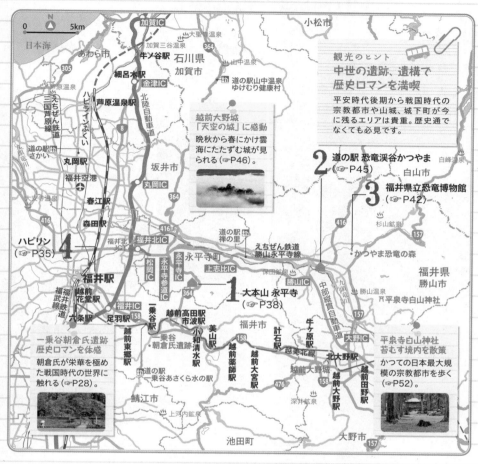

観光のヒント
中世の遺跡、遺構で
歴史ロマンを満喫
平安時代後期から戦国時代の宗教都市や山城、城下町が今に残るエリアは貴重。歴史通でなくても必見です。

越前大野城
「天空の城」に感動
晩秋から春にかけ雲海にたたずむ城が見られる（☞P46）。

2 道の駅 恐竜渓谷かつやま（☞P45）

3 福井県立恐竜博物館（☞P42）

ハピリン（☞P35）**4**

1 大本山 永平寺（☞P38）

一乗谷朝倉氏遺跡
歴史ロマンを体感
朝倉氏が栄華を極めた戦国時代の世界に触れる（☞P28）。

平泉寺白山神社
苔むす境内を散策
かつての日本最大規模の宗教都市を歩く（☞P52）。

おすすめコースは
6時間40分
福井タウンから大本山永平寺、勝山へは"えち鉄"に乗ってローカル線の旅を楽しみましょう。車窓には路線沿いに流れる九頭竜川。途中、道の駅でお買い物も。

スタート	**1** 見学	**2** 見学	**3** 見学	**4** 買う	ゴール
福井駅	大本山永平寺	道の駅 恐竜渓谷かつやま	福井県立恐竜博物館	ハピリン	福井駅
▶	▶ 鉄道で25分、バスで15分、徒歩5分	▶ 鉄道で34分、車で5分	▶ 車で9分	▶ バスで15分、鉄道で54分	▶ 徒歩すぐ

今なお歴史が息づく街
福井タウンをぶらりおさんぽ

所要時間 4時間

北陸新幹線福井駅開業でアクセスしやすくなった福井タウン。
駅周辺は福井の歴史を知るスポットが点在する文化財の宝庫です。

1 新緑や紅葉など通年楽しめる（名勝 養浩館庭園）2 年間を通して授与される佐佳枝廼社の本殿御朱印 500円 3.佐佳枝廼社では奉納された折り鶴を社殿正面に飾る 4.日本一のスケールといわれる足羽川の桜並木。例年ライトアップされる光の道が見事

福井駅周辺 A
めいしょう ようこうかんていえん
名勝 養浩館庭園
江戸初～中期を代表する名園

かつて御泉水屋敷とよばれた福井藩主・松平家の別邸。築山、石橋などを配した回遊式林泉庭園や数寄屋造りの復元建物がみどころ。絵画のような庭園は必見。

☎0776-20-5367（福井市文化振興課）
住福井市宝永3-11-36 ¥入園220円（福井市立郷土歴史博物館との共通券350円）
営9～19時（11月6日～2月末日は～17時）※最終入園は閉園30分前 休無休 交JR福井駅から徒歩15分 P20台 MAP P37C3

約15分

福井駅周辺 B
さかえのやしろ
佐佳枝廼社
350年以上の歴史ある神社

寛永5年（1628）建立、明治6年（1873）に松平春嶽公によって命名された、徳川家康公、初代福井藩主結城(松平)秀康公、16代福井藩主松平春嶽公を祀る徳川家ゆかりの神社。新型コロナウイルスの根絶祈願をきっかけに奉納されている折り鶴が目に鮮やか。

☎0776-27-2754 住福井市大手3-12-3
¥営休参拝自由（社務所8～17時）交JR福井駅から徒歩7分 P100台 MAP P37B3

約10分

福井駅周辺 C
あすわがわのさくらなみき
足羽川の桜並木
春に福井に行くなら必見

市街の中心を流れる足羽川。木田橋から新明里橋にかけての堤防には、ソメイヨシノを中心に約600本の桜が植えられている。約2.2kmにわたる満開の桜が織りなすトンネルは圧巻。

☎0776-20-5346（福井市観光振興課）住福井市つくも1 ¥営休見学自由 交JR福井駅から徒歩13分 P530台 MAP P37A4

戦国一の美女にあやかる
「モテ祈願」
柴田神社に祀られているお市の
方。名だたる武将を魅了した"モ
テ度"にあやかり、縁結びの神社
としてとても有名。

福井タウン・永平寺・勝山 ● 福井タウンをぶらりおさんぽ

5.茶々・初・江の浅井三姉妹（柴田神社）6.柴田神社の境内には浅井三姉妹を祀る神社も合祀されており、家族や恋人、友人との「絆の宮」と呼ばれる 7.スペシャルメロンパフェ1980円。5種類のメロンが入る（フルーツパーラー 果樹園）8.生まれ変わった駅ナカ商業施設「くるふ福井駅」

福井駅周辺 Ⓓ
きたのしょうじょうし・
しばたじんじゃ

北庄城址・柴田神社

▶ 浅井三姉妹ゆかりの城

約10分

織田家の武将で浅井三姉妹の養父である柴田勝家の居城跡。城址内には勝家公・お市の方を祀る柴田神社と、北庄について詳しく学べる資料館がある。

☎0776-23-0849（柴田神社）住福井市中央1-21-17 ¥⒠休見学自由（資料館9～17時）交JR福井駅から徒歩3分 Ⓟ10台 MAP P37B4

福井駅周辺 Ⓔ
ふるーつぱーらー かじゅえん

フルーツパーラー 果樹園

▶ あふれんばかりの新鮮な果物

約5分

老舗果物店、フルーツのウメダの2階にあり、直営店ならではの高級フルーツぎっしりのスイーツが味わえる。おまかせデラックスパフェ1760円やフルーツサンド1155円が人気。

☎0776-24-1250 住福井市中央1-9-23 ⒠9時30分～19時 休水曜 交JR福井駅から徒歩5分 Ⓟなし MAP P37B4

福井駅周辺 Ⓕ
くるふふくいえき

くるふ福井駅

▶ 福井の新観光スポット

約5分

JR福井駅構内に2024年3月にオープンした商業施設。「くるふ」は、「CURU（来る）」と福井のF、Fun、Friendなどさまざまな「F」と出合えるようにとの願いを込めた造語。駅の東西をつなぐ連絡通路の両側に、みやげ物店をはじめ、飲食店など全43店が並ぶ。

DATA☞P35

 駅周辺の散策はJR福井駅を起点に4ルートある市内循環の「すまいるバス」（1回100円、1日フリーパス300円）を使うと便利です。

福井駅周辺で味わえる
おいしいローカルフードはコレ！

県民が愛してやまない福井のご当地グルメの代表選手が勢揃い！
食べたら虜になること間違いなしの手軽でおいしい名物を堪能しましょう。

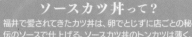

ソースカツ丼って？

福井で愛されてきたカツ丼は、卵でとじずに店ごとの秘伝のソースで仕上げる。ソースカツ丼のトンカツは薄く、油っこくないので、世代を問わず食べやすいと評判。

福井駅周辺

よーろっぱけん そうほんてん
ヨーロッパ軒 総本店

**サクサク衣とまろやかソースの
調和が絶妙！**

大正2年（1913）創業の老舗洋食店で、ソースカツ丼の元祖といわれる。ヨーロッパで料理の修業を積んだ創業者・高畠増太郎氏が、西洋のレシピに独自のアレンジを加え、ご飯にカツをのせる形で完成させたという。のれん分けした敦賀ヨーロッパ軒 本店（☞P95）でも食べられる。

☎0776-21-4681 🏠福井市順化1-7-4 🕐11時～19時50分LO 🈺火曜、隔週月曜 🚃JR福井駅から徒歩10分 🅿提携コインパーキング利用（割引あり）**MAP** P37B3

▶JR福井駅近くの中心街にある。茶色のタイル調の壁が目印

カツ丼　1080円
甘みと酸味のバランスがよいソースにくぐらせた、3枚のカツがのる。ご飯もたっぷり

若狭牛って？

若狭の四季に富んだ気候と豊かな風土で育てられ、サシの入り方がきめ細やか、上品な甘さが特徴。

福井駅周辺

ふくいにくしょくどう くるふえきてん
福井肉食堂 くるふ駅店

**厳選肉を心ゆくまで楽しめる
福井初上陸の肉料理専門店**

金沢で人気の肉料理専門店が福井に初出店。若狭牛や福井ポークを中心に、北陸のブランド肉などを鉄板焼のステーキや丼で提供する。お酒やおつまみのメニューもあるので、ランチはもちろん晩酌にももってこい。

☎0776-37-3118 🏠福井市中央1-25 くるふ福井駅内 🕐11時～20時30分LO 🈺無休 🚃JR福井駅直結 🅿あり（駅駐車場ほか周辺有料駐車場）**MAP** P37C4

▼くるふ福井駅とともに2024年3月開業のグルメスポット

**若狭牛の赤身丼
2400円**
A5ランクの「三ツ星 若狭牛」の丼。お好みで特製の出汁醤油をかけて

福井県民の ソウルフード 油揚げ

古くから豆腐・油揚げの文化が根付いている福井では、食卓の主役としてシンプルに味わうほか、そばや定食に盛り込んだりと、家庭や店によってさまざまな食べ方をしている。写真は谷口屋。
☎0776-67-2202 **MAP** 折込裏D2

おしょくじどころ ていしょくのみせ てっぺい

お食事処 定食の店 てっぺい

オムライスとカツのコラボレーション 洋食メニューが豊富に揃う人気店

洋食を中心に和食や中華まで多彩なメニューが魅力で、ボルガライスは種類が豊富。牛タンシチューやビーフカツなどのメニューも。
☎0776-22-3070 🏠福井市御幸3-11-3 ⏰11〜15時、17時〜19時50分 休日曜 交JR福井駅から徒歩20分 P10台 **MAP** 折込裏C2

ビーフカツ ボルガライス
1300円
オムライスにビーフカツをのせたビーフカツボルガライス

▲昭和49年(1974)創業。丹精込めた手作りの食堂

ボルガライスって?

オムライスの上のカツに独自のソースをかけたボリューム満点の洋食メニュー。ご飯の味付けはケチャップや特製ソースなど店で異なり、上にかけるソースも違う。

福井の焼鳥って?

焼鳥の年間消費額ランキングで上位の福井県。焼鳥の本場で愛される極上の味を堪能!

やきとりのめいもん あきよし
ふくいえきまえてん

やきとりの名門 秋吉 福井駅前店

福井のソウルフードとして 愛され続ける評判の店

昭和34年（1959）に4坪の小さな店を福井市に創業し、今では国内に多数チェーン店を展開。炭から食材にいたるまで徹底してこだわる本格派で、数種類ある秘伝のタレで極上の串焼きを味わえる。
☎0776-21-3572 🏠福井市大手2-5-16 ⏰17時〜23時30分（日曜、祝日は17〜23時）休火曜 交JR福井駅から徒歩1分 Pなし **MAP** P37C4

純けい（手前）5本396円
タン（左上）5本446円
牛カルビ（右上）5本418円
定番人気の純けいは厳選した雌鶏を使い、歯ごたえがありジューシーな味わい

📖 ヨーロッパ軒では、数種の香辛料を調合したカツ丼用の特製ウスターソース500円も販売しています。

マストで食べたい海の幸
新鮮な絶品海鮮グルメをいただきます

福井市内で出合える絶品海鮮料理をご紹介。
海の幸が豊富な福井ならではのおもてなしを味わいましょう。

粋福ごはん
4180円（1枡から注文可1320円）
三国産甘エビと越前産イカの枡は絶品。地酒・黒龍使用のデザートまで充実したまるで宝石箱のような一箱

くずしかっぽう ぼんた
くずし割烹 ぼんた

三国産甘エビ、ノドグロ炙りから・若狭牛まで福井の幸が満載

若狭牛や越前おろしそばなど、季節の福井の味を手頃な価格で堪能できるカジュアルな割烹。冬は越前がにも食べられる。個室も「くずし割烹 ぼんた個室お二階」には個室もあり。ひと手間かかった料理は提供まで時間がかかるため、予約推奨。

☎0776-43-0997 住福井市中央1-2-1ハピリン1階 ◐11～23時 休ハピリンに準ずる 交JR福井駅からすぐ Pハピリン駐車場利用 MAP P37C4

▶ノドグロとカニ、若狭牛ローストビーフ、三国産甘エビやイカなど地物が満載な粋福ライト各1320円もおすすめ。日本酒は半合495円～

まちでり かくれわしょくどう
まちDeli かくれわ食堂

女将さん手作りの真心込めた家庭料理が味わえる

一人でも気軽に入れる店。朝どれ魚介や地場野菜を使ったランチが人気で、メインは曜日によって替わる。夜は定食や一品料理、北陸の地酒が充実。予約推奨。5名以上で個室も利用可（要予約）。

☎090-7084-3163 住福井市中央1-14-5 ◐11時30分～限定20食が売り切れ次第、17時30分～21時30分（金曜は～23時）休火・水曜 交JR福井駅から徒歩4分 Pなし MAP P37B4

刺身3種
1000円～
ディナーでのみ通年提供。種類豊富な日本酒とのペアリングを楽しんで。

越前せいこ蟹（予約限定）
時価
11月初旬からの季節限定。

福井のおいしいが
ぎゅっと詰まった
粋福グルメって？

「粋福（いっぷく）」とは、福井市が市内の飲食店と開発した、福井らしいメニューを提供する新ブランド。パフェ、ごはん、ライトの3つのジャンルを1一枡に詰めた新名物です。

群青

福井市
ぐんじょう

確かな目利きによる
新鮮魚介の海鮮丼

福井市中央卸売市場にある、定置網網元直営店。自社の定置網でとれた地魚や場内で仕入れた魚を使ったお刺身定食1500円や、朝定食900円などが揃う。

☎0776-54-5335 🏠福井市大和田1-101福井市中央卸売市場ふくい鮮いちば ⏰8～14時LO 🈺日曜、祝日ほか市場の休日に準ずる 🚃JR福井駅から京福バス大学病院線で20分、県民せいきょう下車、徒歩3分 🅿2000台 **MAP**折込裏C2

海鮮丼定食 1800円
本日の鮮魚4～5種＋ウニ・イクラの海鮮丼におばんざいとフライが付く

松寿司総本店

福井駅周辺
まつずしそうほんてん

目利きしっかり！ 上ものネタをお手頃に

大阪で修業した初代が開いた寿司店で、現在は割烹でも腕を磨いた2代目が受け継ぎ、毎朝中央市場で仕入れる鮮度抜群のネタを提供する。海鮮ちらし2200円はボリューム満点。

☎0776-23-5152 🏠福井市宝永4-6-25 ⏰11～14時、17時～21時30分LO 🈺月曜 🚃JR福井駅から徒歩11分 🅿5台 **MAP**P37B3

おまかせ特上にぎり10貫 4400円 ※写真は一例
左上から時計回りで、ウニ、ノドグロ炙り、福井産甘エビ、赤イカ、大トロ

おまかせ寿司8貫 5500円
左上から時計回りでマグロ（中トロ）コハダ、甘エビ、ケンサキイカ、ウニ ※写真は一例

幸寿し

福井駅周辺
こうずし

旬の素材にこだわる姿も美麗な握り寿司

三国港から直送で届けられる朝どれのネタと福井県勝山市で契約栽培される有機米、まろやかな赤酢が見事に融合。握りは煮きりや塩をつけて出されるので、そのままいただく。

☎0776-23-8805 🏠福井市田原1-1-3 ⏰17～22時LO 🈺木曜 🚃えちぜん鉄道仁愛女子高校駅から徒歩2分 🅿7台 **MAP**P37B2

戦国時代にタイムスリップ！
一乗谷朝倉氏遺跡を歴史散歩

散策所要
1時間

一乗谷に本拠を置き、5代約100年にわたり越前を支配した戦国大名朝倉氏。
北陸の小京都ともよばれ、約400年ぶりに蘇った城下町をおさんぽしましょう。

一乗谷朝倉氏遺跡
（いちじょうだに あさくらしいせき）

ってこんなところ

**戦国時代の城下町全体が発掘された
全国でも珍しい大規模遺跡**

戦国最強ともいわれた朝倉氏初代孝景（たかかげ）が築いた城下町の遺跡。特別史跡、特別名勝、重要文化財と国の三重指定を受けており、2019年には日本遺産に認定。

☎0776-41-2330（朝倉氏遺跡保存協会）住福井市城戸ノ内町28-37（復原町並）¥入場自由（復原町並は330円）時復原町並9〜17時（入場〜16時30分）休無休交JR福井駅から京福バス一乗谷東郷線で28分、復原町並下車すぐ P80台 MAP 折込裏D3

▲門には、両内側に豊臣家の家紋、両外側に朝倉家の家紋が刻まれている

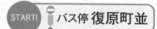
START! バス停 復原町並

徒歩1分

1 復原町並
（ふくげんまちなみ）

蘇った往時の城下町

発掘調査に基づき、出土した建物礎石や塀の石垣を利用して往時の城下町を復原。200mの通りに沿って武家屋敷、町家、商家などを再現している。

▼調度品を復元、人形を配して当時の様子を伝えている

徒歩5分

2 唐門
（からもん）

一族の威厳を伝えるシンボル

豊臣秀吉が朝倉義景を弔うために寄進したと伝わる門で、義景館の入口にあたる。現在見られるのは江戸中期に再建された貴重なものだ。

徒歩すぐ

当時の暮らしぶりを体感

武士や商人、町人などの衣装をまとった人たちが復原町並で城下町の日常を再現するイベント。土・日曜、祝日に行われ、多くの観光客で賑わう（2024年は11月24日まで）。
問合せ☎0776-41-7700

お休み処
城下町の憩いの場。散策の合間にお茶でひと息

武家屋敷
武家屋敷での様子を忠実に再現。武士と町人のやりとりは思わず笑ってしまうかも

野菜売り
地元の野菜を売る親子がいる。実際に野菜を買うことができる

※お休み処、武家屋敷、野菜売り等は10月〜11月上旬の土・日曜、祝日に開催

あわせて行きたい、
福井県立一乗谷
朝倉氏遺跡博物館

2022年オープン。戦国大名朝倉氏が治めた一乗谷の歴史と文化や、遺跡について紹介。体験し学べるスポットが充実しており、遺跡見学の前に訪れるのがおすすめ。復原町並から車で5分。

☎0776-41-7700　MAP 折込裏D3

福井タウン・永平寺・勝山 — 一乗谷朝倉氏遺跡を歴史散歩

▲中心に見られる緑の部分が日本最古の花壇。一乗谷の文化的水準の高さを証明するものだ

4 ゆどのあとていえん
湯殿跡庭園

綿密に組まれた水墨画の趣

遺跡内の庭園では最古。池の周囲に巨大な山石が一見無造作に配置されているが、実は鑑賞地点が1つになるよう計算されている。諏訪館跡庭園とともに国指定の特別名勝となっている、室町文化の面影を色濃く残す名園。

徒歩3分

3 あさくらよしかげやかたあと
朝倉義景館跡

広々とした大名宅を拝見

朝倉氏が実際に暮らし、政治を行っていた場所。武家屋敷、主殿、茶室など16棟もの建物跡が見られ、敷地内の花壇は日本最古のものとされる。

徒歩4分

▲説明板に鑑賞地点が示されているので、そこに立って庭園を眺めてみよう

5 すわやかたあとていえん
諏訪館跡庭園

義景夫人が愛でた豪華な庭園

義景の妻である小少将のために造った上下2段構成の池泉回遊式庭園。広さは約2140㎡と、一乗谷で最大を誇る。高さ約4mの立石を中心に100もの石が美しく配されている。

◀立石には歴代当主の法名が刻まれており、発掘前はこの石のみが地上に出ていたため、墓だと思われていた

徒歩3分

▶戦国時代の暮らしぶりを垣間見る復原町並

GOAL! 🚌 バス停 復原町並

福井県立一乗谷朝倉氏遺跡博物館へ
一乗谷駅・🚻
一乗谷レストラン🍴
一乗谷史跡公園センター
平面復元地区
朝倉館前
瓜割清水
復原町並 ❶
2 唐門　南陽寺跡庭園
3 朝倉義景館跡
4 湯殿跡庭園
●物見台
管理棟　WC　休憩所
バス停
復原町並
5 諏訪館跡庭園
START & GOAL
N
200m

王道から進化系まで
福井みやげの大定番羽二重餅

福井の銘菓羽二重餅は旅のおみやげのマストアイテム。
もち米、砂糖、水飴を使った定番や、洋風にアレンジしたものまで種数豊富です。

羽二重やき
ふわふわのカステラ生地にもちもちの羽二重餅とつぶ餡がくるまれている。5個入り1200円 B

羽二重餅
季節限定品で使用されている素材が異なる商品もあり、品揃えが豊富。
2枚入り4包421円〜 C

羽二重餅
もち米を粉にして蒸し、砂糖と水飴で練り上げる。左が餡なし(15個入り800円)、右が白餡入り(15個入り1000円) B

羽二重餅
口のなかでふんわりとけていくような絹の風合いを表現。
6袋入り972円 A

福井駅周辺
まつおかけん
A 松岡軒

明治30年(1897)創業。2023年4月のリニューアルで和カフェが併設されて生まれ変わった。
☎0776-22-4400 住福井市中央3-5-19 ⏰9時〜17時30分、カフェ11時〜16時30分LO 休無休 交JR福井駅から徒歩10分 Ｐ3台 MAP P37B4

手前がショップ、奥がカフェになっている店内

福井駅周辺
きんばいどう
B 錦梅堂

弘化4年(1847)創業。明治、大正、昭和天皇に献上し、現在でも毎年明治神宮に献納している。
☎0776-24-0383 住福井市順化1-7-7 ⏰8〜18時 休不定休 交JR福井駅から徒歩11分 Ｐなし MAP P37B3

創業から160余年もの間伝統の味を守り続ける

福井駅周辺
むらなかかんせんどう
C 村中甘泉堂

明治43年(1910)創業。羽二重餅のほかにもどら焼き1個237円〜や大福餅1個216円が人気。
☎0776-22-4152 住福井市中央1-21-24 ⏰9〜19時 休火曜 交JR福井駅から徒歩5分 Ｐ3台 MAP P37B4

パティスリー KANSENDOの洋菓子も揃っている

なぜ羽二重餅はうまれたの？

福井の名産だった絹織物「羽二重」は、20世紀初頭には全国輸出額の60%を福井が占めていたものの、地元の人たちには高級品でした。そこで「自慢の羽二重を彷彿とさせるような福井の名産品をつくりたい」という思いから、絹のようになめらかな食感の羽二重餅が誕生したそう。

羽二重ショコラ
羽二重餅で生チョコを包み、表面にホワイトチョコをまぶしている。夏は冷蔵庫で冷やすと食感がいい。12個入り1080円〜 **D**

特別な3種のバターチーズサンド
羽二重餅と濃厚なバタークリームの絶妙なバランスでやみつきに。3個入り1680円 **F**

羽二重くるみ
やわらかい羽二重餅を3枚のシュー皮でサンド。風味豊かな和ぐるみを使用。1個125円 **E**

福井駅周辺
おかしつかさ えいたろう
D 御菓子司 栄太楼

大正12年（1923）創業。現在は3・4代目が営む。現代に合う創作羽二重餅が人気。

☎0776-22-1994 住福井市二の宮4-4-5 ⏰9〜17時 休火曜 交えちぜん鉄道日華化学前駅から徒歩8分 P3台 MAP P37A1

勝山市
かつやまはやかわ
E 勝山はや川

昭和元年（1926）創業。素材の味を存分に生かしたお菓子を販売する老舗菓子店。

☎0779-88-4744 住勝山市旭町1-400-2 ⏰9時〜18時30分 休火曜 交えちぜん鉄道勝山駅から車で7分 P8台 MAP折込裏E2

福井市
らにーちーず ほんてん
F RUNNY CHEESE 本店

世界各地のチーズを厳選し、とろける口どけにこだわったチーズ料理やチーズスイーツの専門店。

☎0776-52-5008 住福井市高柳2-1612 ⏰11〜22時 休水曜、第1火曜 交JR福井駅から車で17分 P20台 MAP折込裏C2

桜やゆずなど季節の羽二重餅も販売

大師寺の麓で長年愛される人気店

7種のチーズを溶かした絶品ソースにやみつきに

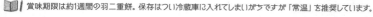
賞味期限は約1週間の羽二重餅。保存はつい冷蔵庫に入れてしまいがちですが「常温」を推奨しています。

旅の思い出とともにお持ち帰り
おいしいおみやげ図鑑

福井みやげは羽二重餅、水ようかんだけではありません。
最新スイーツ、ご当地グルメまで、福井ならではの逸品を持ち帰りましょう。

キュートな発想を重ねたバウム

はっくつバウム 1個 1404円
和三盆と県産卵使用の生地を地層に見立てて恐竜を焼印した和風バウムクーヘン。
①

しっとりふわふわの豆乳スポンジ生地

福井お菓子とうふ 1個 200円
県産大豆の豆乳を使用した、健康志向のお菓子。りんご餡や抹茶餡、くるみ餡のほか季節限定品も。
①

白小豆の餡は食べごたえ抜群

恐竜最中 1個 250円
ティラノサウルスを模した最中。餡の中には福井銘菓・羽二重餅がサンドされている。
②

なめらかなプリンから恐竜を発掘！

恐竜発掘プリン
1個 540円
地層をイメージした3層構造になっており、食べ進めると中から恐竜が！
③

みずみずしい！つるりん食感！

水かんてん（黄金の梅） 1箱 700円
水ようかんの老舗「えがわ」の夏季商品。県産ブランド梅「黄金の梅」とイヨカンを合わせた爽やかな水かんてん。
④

福井駅周辺
おかしどころ まるおかや
① お菓子処 丸岡家
洋菓子職人と和菓子職人の父子が製造する菓子が評判。
☎0776-22-5394 🏠福井市春山2-18-18 🕗8時30分〜18時 🈺火曜（祝日の場合は営業） 🚃福井鉄道仁愛女子高校駅から徒歩3分 🅿3台 🗺P37B3

勝山市
かつやまはやかわ
② 勝山はや川
「羽二重くるみ」（☞P31）で有名な勝山の和菓子店。
DATA ☞P31

勝山市
ふくいけんりつきょうりゅうはくぶつかん
③ 福井県立 恐竜博物館
ミュージアムショップで購入可能。
DATA ☞P42

福井駅周辺
えがわ
④ えがわ
昭和12年（1937）創業の水ようかん（☞P68）の名店。伝統の上品な甘さが人気。
☎0776-22-4952 🏠福井市照手3-6-14 🕗8時30分〜18時 🈺水曜（11〜3月は無休） 🚃JR福井駅から車で10分 🅿8台 🗺P37A3

※掲載された商品は品切れの場合や価格が変更されることがあります。

お菓子処 丸岡家の数奇な変遷

丸岡家はもとは氷問屋。冷蔵庫の普及により衰退していくなか、屋号を次いだ初代は和菓子職人に。その後二代目は洋菓子職人、そして三代目は和菓子職人になり、和洋ミックスのお菓子が並ぶ現在に至る。

福井タウン・永平寺・勝山 ● おいしいおみやげ図鑑

福井産いちほまれの米粉を使用

リュクス 6個入り 1990円

恐竜の目を模したクッキー。ラズベリーなど3種のコンフィチュール入り。 5

目でも舌でも味わう華やかな和菓子

一枚流し あんみつ水羊羹 1個 1200円

福井の冬の定番・水ようかんに羽二重餅や栗などを詰めた人気の品。 5

浜のおかちゃんが作る万能な一品

汐いか 5杯入り 4320円

天然粗塩で味付けしたスルメイカ。揚げ物やサラダ、煮物など、楽しみ方もいっぱい! 6

新幹線延伸記念可愛い恐竜ver.

敦賀おぼろ 味付昆布（左）
越前塩使用 塩のり（右）
18袋入り（左）、12袋入り（右）各600円

ごはんやおつまみにぴったりの人気商品が恐竜パッケージで登場。 7

水を加えずに作った最高級の逸品

海苔佃煮 島の娘 170g入り 500円

国産原料を使い独自の配合で炊き上げた彌右衛門オリジナルの佃煮。リピーターが多い。 7

黄金色の焼きサバはうま味の宝庫

焼き鯖すし 1本 1296円

脂がのった肉厚のサバを、絶妙な加減で焼き上げ、職人が1本ずつ手巻きする逸品。 8

福井市
はなえちぜん

5 花えちぜん

伝統的な和菓子から新感覚の洋菓子まで幅広い。

☎0776-22-0280 住福井市二の宮3-38-9 営9～19時 休不定休 交えちぜん鉄道八ツ島駅から徒歩15分 P20台 MAP折込裏C2

福井駅周辺
ふくいけんぎょぎょうきょうどうくみあいれんごうかい

6 福井県漁業協同組合連合会

1階では鮮魚・加工品を販売。

☎0776-24-1203 住福井市大手2-8-10福井県水産会館 営9時30分～12時 休水・木・土・日曜 交JR福井駅から徒歩5分 P2台 MAP P37C3

福井駅周辺
やうえもん きょうまちほんてん

7 彌右衛門 京町本店

文久2年（1862）創業の乾物と海苔を扱う専門店。伝統的な製法と品質にこだわる。

☎0776-27-1155 住福井市照手1-5-1 営9～18時 休日曜 交JR福井駅から京福バスで4分、上呉服町下車すぐ P8台 MAP P37A3

福井駅周辺
わかひろ くるふふくいえきてん

8 若廣 くるふ福井駅店

伝統の調理法で仕上げた焼き鯖すしは、素材のうま味が生きている。

☎0776-23-3844 住福井市中央1-1-25 営8時30分～20時 休くるふ福井に準じる 交JR福井駅直結 Pなし MAP P37C4

📖 若廣が手がける洋風サバ缶「サバスチャン」は、サバをうま味たっぷりのソースで味付け。ガーリック、バジル、トマト、カリーの4種 各648円。

駅チカのショップで見つけた
かわいい和雑貨＆お菓子

JR福井駅周辺の複合商業施設には福井の工芸品やグルメがいっぱい。
北陸新幹線延伸に合わせて登場の最新スイーツやグッズも魅力的です。

オリボンフクサ Ⓐ
各4620円
大正時代のハイカラ着物
をモチーフにしたレピヤン
リボンの袱紗。6種

うるし華
フリーカップペア Ⓐ
1万1000円
鯖江にある越前漆器工房の
製品。愛らしい文様は自分み
やげやギフト用に

若狭塗り箸 Ⓑ
2膳 5500円
貝殻がちりばめられた上品
で伝統的なデザインの箸
が、食卓を華やかに

大福三福だるま Ⓐ
5170円
和紙の手ざわりが温かい、
手作りのだるまの置物。色・
サイズ違いあり

恐竜
マグカップ Ⓑ
2750円
恐竜モチーフの越前
焼マグカップ。素朴
な風合いの越前焼
に、恐竜がマッチ！

福井駅直結の
観光案内所が
オープン！

福井市観光交流センター内に2024年3月にオープンした**ふくい観案内所**。コンシェルジュによる案内や周遊チケットの販売など、最新の観光情報が手に入る。手荷物配送サービスもある。
☎0776-65-0252 MAP P37C4

福凛 ● 1箱1080円
福井らしいお菓子を届けたいと考案。県産の六条大麦を使用した、精進料理がモチーフのグルテンフリークッキー

うに豆 ● 356円（90g）
空豆にウニの風味をまぶした香ばしい菓子。後を引く味わいでビールのおつまみにぴったり

はぴりん
ハピリン Ⓐ

福井駅から徒歩1分にある商業と文化施設。地上21階、地下2階建てで、ドームシアターや観光物産館など福井観光の拠点。
☎0776-20-2080 住福井市中央1-2-1 休店舗により異なる 交JR福井駅からすぐ P75台 MAP P37C4
福人喜 ハピリン店☎0776-25-0291 ◷9〜20時 休無休 MAP P37C4
かゞみや☎0776-22-5561 ◷9時30分〜19時 休無休 MAP P37C4

竜のあしあと ●
2個540円
しっとりしたみるく饅頭の中に羽二重餅を包んだお菓子。日本茶はもちろんコーヒーや紅茶とも相性抜群

せいぶふくいてん
西武福井店 Ⓑ

デパ地下ならではの地元御用達の新鮮な食料品や鮮魚、精肉が揃う。工芸品も充実しており、おみやげ探しに最適。
☎0776-27-0111（代） 住福井市中央1-8-1 ◷10時〜19時30分（8階レストランは11〜22時） 休不定休 交JR福井駅から徒歩5分 P有料指定駐車場 MAP P37B4
福井WAZABI ☎0776-28-8261 ◷10時〜19時30分 休不定休 MAP P37B4

越前織 お守り袋 ●
913円
両面可愛いデザインは、プリントではなく越前織りになっている

くるふふくいえき
くるふ福井駅 Ⓒ

JR福井駅に隣接し細長く縦に続く商業施設。北陸新幹線延伸に合わせ2024年3月にオープン。ここでしか買えない商品との出合いがある。
☎0776-27-1222 住福井市中央1-1-25 ◷8時30分〜22時 休不定休 交JR福井駅直結 Pあり（駅駐車場ほか、有料）MAP P37C4
ちさリスのお家 ☎0776-37-3058 ◷9〜20時 休施設に準ずる MAP P37C4
ホホホ屋 by 森八大名閣 ☎0776-25-0008（森八大名閣本店） ◷8時30分〜20時 休施設に準ずる MAP P37C4

**越前織り
昭和チロルリボン
●** 990円
描き下ろしデザインの織物のリボン。地元の工場とコラボして糸から厳選

📖 ハピリン5Fにある福井市自然史博物館の分館「セーレンプラネット」では、リアル8Kの超高解像度映像を投映したドームシアターが楽しめます。

ココにも行きたい

福井タウンのおすすめスポット

福井駅周辺
由利公正広場
ゆりきみまさひろば

郷土の偉人を偲ぶスポット

福井藩出身の幕末の偉人・由利公正を偲ぶ広場。公正の銅像と功績を紹介する説明板、五箇条の御誓文の原案「議事之体大意（ぎじのていたいい）」の展示板が設置されている。桜の名所・羽川沿いにあり、歴史散策ルートの中継地として利用したい。**DATA** ☎0776-20-0724（福井県交通まちづくり課）住福井市毛矢1幸橋南詰 ¥休散策自由 交JR福井駅から徒歩10分 Pなし **MAP** P37B4

福井駅周辺
福井城址
ふくいじょうし

越前松平家の栄華を支えた名城跡

慶長11年（1606）、初代福井藩主の結城（松平）秀康が築城。以降270年もの間、福井藩藩主・松平家17代にわたる繁栄の舞台となった。石垣と堀の一部は現存し、名城の面影を今に伝えている。福井の名の由来といわれる「福の井」井戸や、山里口御門（復元）もある。**DATA** ☎0776-20-0252（福井県財産活用課）住福井市大手3-17-1 ¥休散策自由 交JR福井駅から徒歩5分 Pなし **MAP** P37B3

福井市
明智神社
あけちじんじゃ

「あけっつぁま」と親しまれる小さな祠

朝倉氏に身を寄せていた明智光秀の屋敷跡と伝わる。光秀の命日である6月13日に祠に納められた光秀の木像が公開される。光秀の娘である玉（のちの細川ガラシャ）の生誕地ともされる。**DATA** ☎0776-20-5346（福井市観光振興課）住福井市東大味町 ¥休参拝自由 交北陸自動車道福井ICから約8.5km P周辺駐車場利用 **MAP** 折込裏C3

福井駅周辺
旬味 泰平
しゅんみ たいへい

四季折々の味覚が楽しめる

繊維問屋だった商家を改装した風情ある店内で、本格的な日本料理が味わえる。ズワイガニを使った和風コロッケ1430円など、旬の食材を生かし、丁寧に作られた料理は絶品。カウンター席では職人の流れるような手さばきを見られる。**DATA** ☎0776-25-4686 住福井市中央3-14-11 ◎11時30分〜13時30分、18〜21時LO 休日曜、祝日、水曜昼 交JR福井駅から徒歩10分 P4台 **MAP** P37B4

福井駅周辺
とんかつ・そば 吉ちょう
とんかつ・そば きっちょう

醤油と野菜であっさりいただく醤油カツ丼

創業30年以上の人気店。大野市発祥の醤油カツ丼800円は、粗めのパン粉で揚げた厚めのトンカツがボリューム満点で歯ごたえもよい。独自ブレンドの醤油は味わいつつ、カツオ節と大根おろしも一緒に食べる。**DATA** ☎0776-23-3727 住福井市大手3-4-1放送会館地下1階 ◎10時30分〜19時LO 休不定休 交JR福井駅から徒歩5分 Pなし **MAP** P37B4

福井市
あすわの木
あすわのき

全面ガラス張りの明るい空間でひと息

福井県立図書館に併設のカフェ。おすすめは地元産野菜を中心に使うピタパンプレート600円。ほかにソースカツ丼やランチプレートなど地産地消を心がけたメニューがうれしい。マイボトル持参でドリンク10円引き＋ポイント2倍も。**DATA** ☎080-9430-3795 住福井市下馬町51-11福井県立図書館内 ◎10時〜15時30分LO 休福井県立図書館に準ずる 交JR福井駅から車で12分 **MAP** 折込裏C3

福井市
天たつ 福井片町本店
てんたつ ふくいかたまちほんてん

200年以上続く汐うにの老舗

松平家ゆかりの日本最古の雲丹商。創業文化元年（1804）の越前仕立て汐うにを扱う藩主の御用商人で、包装紙には福井城下地図が使われている。濃厚な熟成うにを越前ならではの製法。贅沢な一品を自宅で味わいたい。**DATA** ☎0776-22-1679 住福井市順化2-7-17 ◎9〜18時 休不定休 交JR福井駅から徒歩12分 Pなし **MAP** P37B3

福井市
オレンジボックス フェニックス店
おれんじぼっくす ふぇにっくすてん

惣菜も豊富なご当地コンビニ

地元に密着したダイニングコンビニで、福井市で5店舗展開。店内に調理施設をもち、常時30種類以上が並ぶ作りたての惣菜コーナーやイートインスペースもある。☎0776-30-0170 住福井市松本4-12-12 ◎7〜23時（オレボ食堂は11〜22時）休無休 交福井鉄道田原町駅すぐ P20台（共用）**MAP** P37B2

福井市
ルポの森
るぽのもり

グランピングで身も心もリフレッシュ

元温泉宿をリノベーションした複合施設。グランピングはオールインクルーシブのプランがあり、食事のほか、マルシェに並ぶ野菜やフルーツ、アルコールを含むドリンクもフリーに。**DATA** ☎0776-96-7071 住福井市市波町38-2 ¥一棟2万8950円〜 ◎IN15時／OUT10時 休水曜 交北陸自動車道福井ICから15分 P50台 ●グランピング6棟、宿泊棟16室 **MAP** 折込裏D3

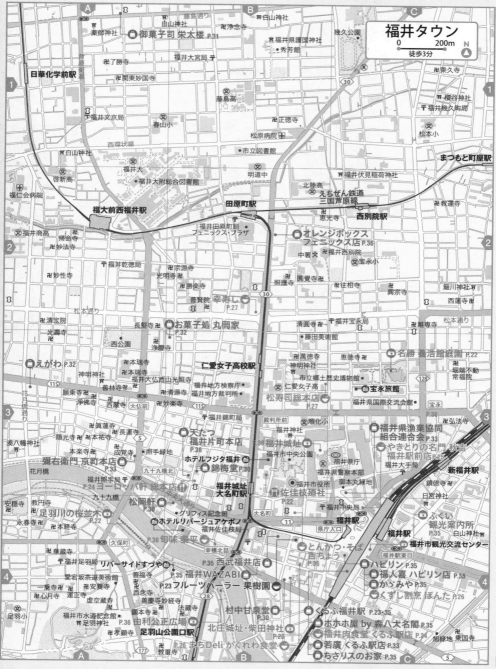

福井タウン

御菓子司 栄太楼 P.31
オレンジボックス フェニックス店 P.36
幸寿し P.27
お菓子処 丸岡家 P.32
えがわ P.32
名勝 養浩館庭園 P.22
宝永旅館
松寿司総本店 P.27
福井県漁業協同組合連合会 P.33
やきとりの名門秋吉 福井駅前店 P.25
天たつ 福井片町本店 P.36
ホテルフジタ福井
錦梅堂 P.30
福井城址
福井城址 大名町駅
ヨーロッパ軒 総本店 P.24
松岡軒 P.30
足羽川の桜並木 P.22
ホテルリバージュアケボノ
旬味 泰平 P.36
リバーサイドすづや P.35
福井WAZABI P.35 西武福井店 P.35
フルーツパーラー 果樹園 P.23
村中甘泉堂 P.30
福井市水道記念館 P.36 由利公正広場
足羽山公園口駅
北庄城址・柴田神社 P.28
まちDeli がれわ食堂 P.26
とんかつ・そば 吉ちょう P.36
ハピリン P.35
福人喜 ハピリン店 P.35
かざみや P.35
くずし割烹 ぼんた P.26
福井駅
ふくい 観光案内所 P.35
福井市観光交流センター
くるふ福井駅 P.23・35
水水本屋 by 森八大名閣 P.35
福井肉食堂くるふ駅店 P.24
若廣 くるふ駅店 P.33
ちさりすのお家 P.35

37

日本最高峰の禅道場で知られる
曹洞宗大本山永平寺へ

鎌倉時代の開創以降、絶えることなく多くの修行僧が修行に励んでいる永平寺。
凛とした空気が漂う境内を歩きながら、禅の心に触れてみましょう。

だいほんざんえいへいじ
大本山永平寺

ゆっくり
まわって
約90分

鎌倉時代から続く禅寺の最高峰

寛元2年（1244）、道元禅師が開いた坐禅道場。約10万坪の境内には大小約70もの伽藍が立ち並び、規模においても威厳を放っている。現代においても約100名が1年以上の修行生活を境内で過ごしており、「七堂伽藍」で修行僧＝雲水の生活を垣間見ることができるのも永平寺の特徴。
☎0776-63-3102 住永平寺町志比5-15 ¥拝観700円 ⏰8時30分〜16時30分（季節・情勢により変動あり）休無休 交えちぜん鉄道永平寺口駅から京福バス芦原丸岡永平寺線で13分、永平寺で下車、徒歩7分 P周辺に複数あり MAP折込裏D2

からもん
1 唐門 新しい住職を迎え入れるための唐門。現在は天保10年（1839）に再建されたものが見られる。門内は進入禁止のため、見学は石段の下から。

つうようもん
2 通用門 一般の参拝者が出入りする門。ここでチケットを買って入ろう。

さんしょうかく
4 傘松閣 参拝者用の控え室がある建物。拝観ルートになっている2階には156畳敷きの「絵天井の広間」があり、昭和5年（1930）に144名の日本画家によって描かれた、230枚もの天井画が広がる。現在の建物は、平成7年（1995）に再建されたもの。

きちじょうかく
3 吉祥閣 拝観の受付所、売店がある建物。大広間で永平寺の歴史、概要などの丁寧な説明を約10分受けてから先の伽藍へ向かおう。

5つの絵柄を
探してみよう！

傘松閣の天井絵のなかから花鳥風月以
外の動物の絵、唐獅子（青色で口を開け
ている）、唐獅子（白色で口を閉じてい
る）、リス、夫婦の鯉（2匹の白い鯉）、天ま
で昇る鯉（黒い鯉）の5つの絵を見つけ
ると、願いが叶うといわれている。

6 承陽殿
じょうようでん
開祖の道元禅師をはじめ、歴代禅師の御霊骨と位
牌を安置。定められた僧しか立ち入れない場所が
あるなど、日本曹洞宗の聖地とされている。

\ 七堂伽藍はこんなところ /

法堂
はっとう

永平寺の住職禅師説
法のお堂。天蓋の八
葉蓮華鏡が目を引く、
境内で最も豪華な場
所。永平寺を見渡す
景色も堪能できる。

僧堂
そうどう

雲水1人あたり畳1枚
分のスペースが与え
られ、坐禅・食事・睡眠
を行う生活に根付い
た場所。内部は見学
不可。

5 七堂伽藍
しちどうがらん
修行のほとんどが行われ
る7つの伽藍を指す。朝4
時から始まる坐禅や、読
経、掃除、食事など雲水
の生活を想像しながら歩
いてみよう。すべてが階段、
回廊でつながっている。

7 祠堂殿
しどうでん
一般の人の供養、納骨などの法要
を行う。位牌は全国の檀信徒から
納められている。入口には約18mの
巨大な数珠がある。

8 瑠璃聖宝閣
るりしょうぼうかく
永平寺に関わる貴重な品々
を展示している。道元禅師の
直筆と伝わる書など、みどこ
ろが多い。拝観の最後にゆ
っくり見てまわろう。

七堂伽藍のうち僧堂と東司（お手洗い）、浴室の3カ所は三黙道場とよばれ、私語厳禁。衣食住のすべてが修行であるという教えに基づいています。

大本山永平寺の門前町通り
禅の里を歩きましょう

永平寺で荘厳な空気に包まれた後は、門前町をのんびり散策。
おみやげ物屋さんをのぞき、名物の永平寺そばやごま豆腐、お団子も味わいましょう。

永平寺門前通り沿いを中心に広がる門前町にはたくさんのお店が並びます

1 アトリエ菓修
あとりえかしゅう

職人魂が作り出す
極上スイーツ

パリの一流ホテルでパティシエ経験をもつ主人が作るアップルパイが人気。特定農家の紅玉を使用し、その年のリンゴがなくなると終了する。数に限りがあるので要注意。10種類の本格的なホテル仕込みのジェラートも人気だ。

☎0776-63-3433 住永平寺町志比28-9-2 ◑10～18時 休木曜 交永平寺から徒歩7分 P20台 MAP折込裏D2

アップルパイ各520円。人気で売り切れることも（9～4月限定販売）

2 井の上
いのうえ

永平寺みやげが
一堂に揃う

豊富なオリジナル商品が揃う、永平寺町産の十割手打ちそばの店。名物のごまとうふソフトやプリンソフト、隣接するプリン専門店「永平寺だるまぷりん」も大人気。

☎0776-63-3333 住永平寺町志比28-2 ◑8～17時 休無休 交永平寺から徒歩6分 P75台 MAP折込裏D2

永平寺だるまぷりん「だるまさんセット（3個)」1440円。永平寺と関連の深いだるまさんをモチーフにしたなめらかな口どけのプリン

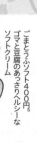

ごまとうふソフト400円。ゴマと豆腐のあっさりヘルシーなソフトクリーム

越前焼 ギャラリー寧波 3
1 アトリエ菓修
永平寺そば亭 一休（そば）
食事処・喫茶 禅
井の上 2
山楽亭（そば）
ごとう（おみやげ）
旅館・食事処

N 50m

胡麻豆腐入りぜんざい
雲水セット 940円

えいへいじごまどうふのさと だんすけ
永平寺胡麻豆腐の里 團助

**極上のごま豆腐を
スイーツ感覚で**

永平寺みやげといえばコレ!といっても
過言ではない團助のごま豆腐。本店
では味噌ダレなどをつけて食べるほ
か、ぜんざいでも楽しめる。
☎0776-63-3663 住永平寺町荒谷24-8
⏰10〜17時(カフェは〜15時LO)
休無休(冬期は不定休)
交永平寺から車で5分
P50台
MAP折込裏D2

黒ごまアイス 420円

えちぜんやき ぎゃらりーねいは
3 越前焼 ギャラリー寧波

**気鋭の作家が手がける
越前焼が揃う**

古い蔵を改装したモダンな店内には、
作家が作った福井の伝統工芸品がず
らりと並ぶ。特に越前焼が豊富で福
井に約85ある窯のうち、45窯の商品
を取り扱っている。

若手陶芸家による作品も多い

☎0776-63-3131 住永平寺町志比27-15
⏰10〜17時 休火曜 交永平寺から徒歩4
分 P6台 MAP折込裏D2

フォルムカード各189円。
福井の名物や名所の形を
したポストカード

(食事処・おみやげ)上街道
(そば)あぜ川
吉祥閣
仏殿
大庫院
僧堂
山門
大本山永平寺 P38
祠堂殿
唐門
永平寺門前通り
山侊 ④
山口みやげ店
(おみやげ)
(てらぐち)(そば)
・ほっきょ荘
(おみやげ・食事処)
永平寺郵便局 ⑤

えいへいじゆうびんきょく
5 永平寺郵便局

**永平寺限定の
記念グッズをゲット!**

大本山永平寺からすぐの郵便局で、
福井県限定の切手や福井の名所をあ
しらったフォルムカードを販売。通帳
に限定のスタンプを押してくれる「記
念貯金」も人気。

☎0776-63-2952 住永平寺町志比5-5
⏰9〜17時 休土・日曜、祝日 交永平寺からす
ぐ P2台 MAP折込裏D2

ご利益団子1本400円。種
類は白とよもぎの2種。直
火で焼かれる香ばしさも

さんこう
4 山侊

門前名物のご利益団子が食べたい

店頭で焼いているご利益団子は、食べる際に串（苦死）
の先を切ってくれるという願掛け付き。広い店内にはさま
ざまな永平寺みやげがあり、奥には食事処も。

☎0776-63-3350 住永平寺町志比5-10-1 ⏰9〜16時 休不
定休 交永平寺からすぐ P20台 MAP折込裏D2

📖 門前町には永平寺の開祖・道元禅師が詠んだ和歌を彫った歌碑が9つある。探して、たどってみましょう。

歴史ロマンあふれる太古の世界
福井県立恐竜博物館でタイムトリップ

恐竜王国・福井のシンボル福井県立恐竜博物館が2023年夏に大きくリニューアル。
新たに新館もオープンし、恐竜の全身骨格も50体にパワーアップ。

50体の迫力ある恐竜骨格がひしめくメイン展示室

ふくいけんりつきょうりゅうはくぶつかん
福井県立恐竜博物館

世界3大恐竜博物館の一つ

アジアを中心に、世界から集められた恐竜の全身骨格標本を50体も見ることができる。実物大の恐竜たちが動く古環境の復元ジオラマや、CGシアターで、恐竜時代にタイムスリップした気分が味わえる。恐竜をはじめとする古生物、地球史の展示も充実。2023年7月のリニューアルオープンでは新館が増築されたほか、新しい展示物も増えさらに進化した。

☎0779-88-0001 住勝山市村岡町寺尾51-11かつやま恐竜の森内 ¥1000円、高校・大学生800円 ＊公式サイトから要事前購入 🕘9〜17時（最終入館は16時30分）休第2・4水曜（祝日の場合は翌日、夏休み期間は無料）🚃えちぜん鉄道勝山駅から車で15分 🅿1200台 MAP折込裏E2

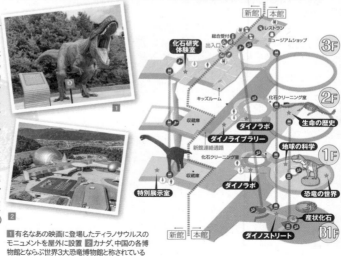

1 有名なあの映画に登場したティラノサウルスのモニュメントを屋外に設置 2 カナダ、中国の各博物館とならぶ世界3大恐竜博物館と称されている

新館 本館

総合受付
出入口
レストラン
ミュージアムショップ
3F

化石研究
体験室
キッズルーム
化石クリーニング室
2F

収蔵庫
ダイノラボ
ダイノライブラリー
生命の歴史
地球の科学

新館連絡通路
化石クリーニング室
1F

収蔵庫
ダイノラボ
恐竜の世界

特別展示室
産状化石
ダイノストリート
B1F

新館 本館

野外恐竜博物館で化石の発掘が体験できる！

化石発掘体験広場で発掘を実際に体験できる。テント内の石はすべて目の前の発掘現場から掘り出したもので、どこかに新しい化石が埋もれているか!? 博物館の研究員の注意事項や解説を聞きながら、まずは石を叩いてみよう。※要予約
☎0779-88-0001（福井県立恐竜博物館）

きょうりゅうのせかい
恐竜の世界　本館
6種類の新種恐竜の発見

日本で発見された新種の恐竜11種のうち、始めて学名がついた肉食恐竜「フクイラプトル・キタダニエンシス」など、6種が福井県で発見されている。

全身の約70%の骨が発見されている種もいる

ぜんしんこっかくひょうほん
全身骨格標本　本館
50体の全身骨格標本

恐竜の世界ゾーンの恐竜の全身骨格が44体から50体に増え、そのうち10体は実物の化石。躍動感あふれる展示は必見。

リニューアルし、新しい骨格標本が増えた

かせきけんきゅうたいけんしつ
化石研究体験室　新館
化石から恐竜の時代を学ぶ

化石のクリーニングやCT化石観察など、体験メニューがあり、恐竜たちが生きた時代の様子を学べる。別途体験料1200円、要予約。

本格的な体験メニューに興味津々

きょうりゅうのとう
恐竜の塔　新館
新館を貫くモニュメント

福井県で発見された5種の恐竜と1種の鳥類を、実物大で再現した、大迫力のシンボルモニュメント。

1〜3階の吹き抜けに設置されている

とくべつてんじしつ
特別展示室　新館
大きな恐竜骨格標本も展示可能

さまざまなテーマの特別展を開催予定。特別展開催期間外は、3面ダイノシアターで実物大の恐竜たちが躍動する映像を見られる。

高さ9m、幅16mの巨大スクリーンに圧倒

食事＆おみやげはココで

れすとらん
RESTAURANT

リニューアルにあわせて、レストランも内装からメニューまで一新! 天井が高く解放感ある快適な空間で、子どもも大人も楽しい恐竜グルメを堪能。

スピノサウルスカレー1350円（上）と福井名物の厚揚げライスバーガー（ミニおろしそば）1300円（下）

みゅーじあむしょっぷ
MUSEUM SHOP

1000種類以上のアイテムが揃い、そのなかの300種類が福井県立恐竜博物館オリジナル商品。お気に入りのおみやげを見つけよう。

FPDMキャップ 骨格SIDE 大人用5500円（上左）、子供用3960円（上右）、ぬいぐるみフクイベナートル 2860円（下）

📖 展示解説アプリをダウンロードして館内の施設案内や音声ガイド、手話動画を利用できます。

恐竜のまち・勝山の
数ある恐竜スポットを巡りましょう

多くの恐竜の化石が発掘されている勝山には恐竜スポットがたくさんあります。
その多くが恐竜博物館の周辺に点在しているので併せて巡ってみましょう。

かつやまきょうりゅうのもり
かつやま恐竜の森

まるで本物のような迫力

里山の豊かな自然環境を生かした広大な公園で、ユニークな恐竜遊具が点在している。3月中旬～11月上旬は化石発掘体験（要予約）、1～2月はクロスカントリースキーなどの体験など、四季に合わせたイベントも行われる。

☎0779-88-8777（公園管理事務所）🏠勝山市村岡町寺尾51-11 💴入園無料（かつやまディパーク1000円）🕐7～20時※施設により異なる 休無休 🚉えちぜん鉄道勝山駅から車で15分 Ｐ1200台 MAP折込裏E2

▶かつやまディパーク内を散策して恐竜たちとのベストショットを撮影しよう

◀ザウルスカレー
ドリンク付き1550円
／ザウルスキッチン

◀恐竜プリン
600円
／ザウルスキッチン

▶ギャオポン各1080円（右）
▼ミニタオルかせきさん
460円（下）
／スーベニアショップラプトル

▲ボルケーノソフト650円
／ザウルスキッチン

じおたーみなる
ジオターミナル

観光案内所を併設

恐竜博物館の駐車場そばに立地。ショップは恐竜ストアとしては日本最大級を誇る。レストランでは軽食が食べられる。

☎0779-87-0023（勝山ツーリストインフォメーションセンター）🏠勝山市村岡町寺尾51-11かつやま恐竜の森内 🕐ショップ9時30分～17時、レストラン10～16時（季節により変動あり）休第2・4水曜（季節により変更あり）🚉えちぜん鉄道勝山駅から車で15分 Ｐ1200台 MAP折込裏E2

恐竜列車に乗ってみよう

2023年7月に登場した「**恐竜列車**」。列車の外装には恐竜の世界が描かれ、内装には恐竜のモニュメントを配置。車内に描かれている恐竜や鳥の多くが恐竜博物館に展示されている。☎0120-840-508（えちぜん鉄道 お客様相談室）

▲ 恐竜モニュメントがデザインされたすべり台や噴水もある

みちのえき
きょうりゅうけいこくかつやま
道の駅
恐竜渓谷かつやま

恐竜に会える道の駅

勝山市の農産物や加工品、恐竜グッズが並ぶショップのほか、地元の食材を使った料理を提供するカフェレストランも併設。施設内のあちこちに恐竜スポットがある。

☎0779-89-2234 住勝山市荒土町松ヶ崎1-17 時9〜17時（レストラン10〜16時）※季節により変動あり 休第2・3火曜 交中部縦貫自動車道勝山ICから約2km P88台 MAP折込裏E2

▲ ここでしか買えない恐竜デザインの和BIN飴。各648円

すきーじゃむかつやま
スキージャム勝山

夏も冬も楽しめるリゾート

福井県立恐竜博物館から車で約10分の場所にある、西日本最大級のスキー場。夏は高原で芝そりやわんぱく恐竜ランドなどのアクティビティを楽しむ。併設の天然温泉大浴場〜ささゆり〜で心も体も癒される。冬は純白のゲレンデでウインタースポーツを楽しもう！

☎0779-87-6109 住勝山市170-70 時10〜16時 休時期により異なる 交えちぜん鉄道 勝山駅から車で20分 P3400台 MAP折込裏F2

▶ 恐竜がテーマのわんぱく恐竜ランドは子どもたちに大人気

宿泊はココ

ホテルハーヴェスト スキージャム勝山

恐竜ラボリュームは全8室。恐竜の研究室をテーマに、博士になりきって宿泊しよう。地層をイメージした壁紙には「フクイラプトル」などのほぼ実物大の恐竜型カットアウトがデザインされている。

街かどスナップ

市内にはリアルに再現された個性あふれる恐竜たちが待っています。

恐竜博士

福井県立恐竜博物館屋上の長椅子に腰かけているのは「恐竜博士」。モチーフは県内で発見されたフクイラプトル・キタダニエンス。

ホワイトザウルス

福井県立恐竜博物館へ行く途中、白山連峰をバックにそびえ立つ真っ白な恐竜にびっくり。縦6.8m、長さ17.5m、体重4.5tという巨大オブジェは、フォトジェニックスポットとしても大人気。MAP折込裏E2

ロードパーキング恐竜街道

国道416号「ロードパーキング恐竜街道」の目印にある長い首が特徴の高さ9m、全長10mのブラキオサウルス。勝山市内で同じ竜脚類の恐竜の化石が見つかっていることからモニュメントに採用。MAP折込裏E2

天空の城・越前大野城の歴史をたどって城内探索

「天空の城」で話題の越前大野の魅力は雲海だけではありません。
自然石をそのまま積み上げて築かれた石垣や、歴代城主の遺品など見どころがいっぱいです。

▲雲海の上にたたずむ越前大野城は幻想的でまさに「天空の城」
◀ 夜は雲海に浮かぶ城の周囲を街の灯りが彩る

えちぜんおおのじょう
越前大野城

堅固な石垣もみどころ

織田信長の家臣・金森長近が、天正4年（1576）から4年がかりで築いた城。現在見られるのは昭和43年（1968）に再建したもので、城の中では歴代城主の遺品を展示している。

☎0779-66-1111（大野市観光交流課）🏠大野市城町3-109 ¥入城300円・中学生以下無料 🕘9〜17時（10・11月は〜16時）🈺12〜3月 🚌JR越前大野駅から徒歩40分（山頂まで）🅿100台（駐車場から城までは徒歩20分）**MAP** P49

雲海の鑑賞ポイント

✛場所
戌山城址 いぬやまじょうし

金森長近が大野城を築く前、ここを居城にしていた。城址には多くの遺構が残る。見張り所だった位置に展望台があり、雲海の絶景が期待される時季は観光客で賑わう。展望台までのルートは登山道なので積雪には要注意。

☎0779-66-1111（大野市観光交流課）🚌JR越前大野駅から京福バスヴィオ行きで7分、終点下車、登り口まで徒歩5分。山頂まで徒歩20分 **MAP** 折込裏E3

✛見頃
10月下旬〜4月上旬。なかでも11月下旬〜1月中旬が一番出やすい

✛時間
明け方〜9時ごろ

✛天候
雨が降った日の翌日、晴天で前日との気温差が大きい朝方、風が弱い日

城主も好んだ
大野の名水
スポットへ

名水が湧く城下町大野。昭和60年 (1985) 名水百選に選ばれた御清水 (おしょうず) はかつて、上流の水は米のとぎ水などに、下流は洗濯などにそれぞれ使われていたという。

☎0779-65-5521 (越前おおの観光ビューロー)
MAP P49

❀ 城内を楽しみましょう ❀

城内所要
1時間

天守

昭和43年 (1968) に、絵図や同時代の城を参考にして再建。鉄筋コンクリート構造によるもの。

▲秋になると城の周辺が赤く染まり、紅葉の名所としても名高い

▶展望台では城主・長近をイメージした騎馬武者の影絵が見られる

展望台

大野盆地とその周囲、初代城主の長近が築いた城下町を360度一望できる。

展示室

天守にある展示室は歴代城主の遺品や歴史資料などが展示されている。

▲3～4階へ行く階段には、花や雪など四季のモチーフがあしらわれたアートが

御城印

通常版や期間限定版などの御城印は、越前大野城入場券販売窓口で販売。1枚300円。
※購入には入館料が必要

📖 初代城主は織田信長の家臣、金森長近。信長から大野郡の領地を与えられ築城。天守近くには長近の銅像が立っています。

風情あふれる城下町
七間通りをぶらりお散歩

越前大野城から車で約10分のところに金森長近が整備した城下町があります。
なかでも朝市が開催される七間通りには、カフェや和菓子店などが多彩に揃っています。

七間通りって
こんなところ

400年続く朝市がシンボル

織田信長に仕えた家臣・金森長近が越前大野城を築く折に碁盤の目状の城下町を整備しました。一から八までの数を冠にした町通りが並ぶなか、七間通りは人気の観光スポット。

アクセス JR越前大野駅から徒歩10分 MAP P49

◀石畳に町家づくりの建物が並ぶ

七間朝市

旬の野菜が魅力! 大野市名物朝市

七間通りで春分の日から大晦日まで毎日午前中開催される400年以上続く朝市。江戸時代、商家が軒を連ねた七間通りで城下の商業振興策として開かれた「市」がはじまり。地元農家の新鮮な野菜や加工品、季節の花などが並ぶ。春の訪れと年の終わりを告げるまちの風物詩。

☎0779-69-9520（七間朝市振興協議会事務局）住大野市七間通り●7～11時ごろ休1月1日～春分の日の前日交JR越前大野駅から徒歩10分 P30台(元町会館駐車場利用) MAP P49

▲出店者との会話も楽しみの一つ。早朝の澄んだ空気が清々しい

武家屋敷旧田村家

風車棚が涼しげな期間限定フォトスポット

大野藩の家老を務めた田村又左衛門家の屋敷を復元した建物。期間限定で屋敷の内外に合計約2000個の風車が設置され、フォトジェニックな風景が広がる。風が吹くとカタカタと回る風車の音と、色鮮やかな風車を前に思い出の一枚を撮影しよう。

☎0779-65-6212 住大野市城町7-12 ●9～16時（日曜、祝日は～17時）休無料 P300円(中学生以下無料)交JR越前大野駅から徒歩20分 P9台 MAP P49

▲屋敷の内外から風車を見ることができ、涼しい風が通り抜ける空間

城下町散策は
人力車でラクラク！

地元の人たちが週末限定で車夫として活動する「越前こぶし組」。15分間の人力車体験コース1000円から、35分間の観光コース3000円まである。
☎0779-65-5521(越前おおの観光ビューロー) MAP P49

ももんがこーひー
モモンガコーヒー

自家焙煎のコーヒー豆を大野の名水で抽出

良質な豆を仕入れるため、ブラジルなどに足を運ぶ店主が営む。厳選された豆を使うコーヒーは、すっきりとした甘みがあり、長く余韻が楽しめる。

☎なし ⓐ大野市元町8-17中央共同ビル1階 ⓑ10〜18時(土・日曜、祝日は〜17時) ⓒ月・火曜、第3日曜、ほか不定休 ⓓJR越前大野駅から徒歩7分 ⓔ30台(元町会館駐車場利用) MAP P49

▲カフェラテ 580円(左)、モモンガブレンド 530円(右)

じぇらてりあ ちっち
gelateria CICCI

ソムリエの手作り！イタリアンジェラート専門店

ソムリエの資格を持つ店長が毎朝手作りするジェラートが人気。地元の素材を中心に常時8種類仕込む。空家をおしゃれにリノベーションした店内でイートインも可能。

☎0779-69-1082 ⓐ大野市元町3-20 ⓑ11〜16時 ⓒ不定休(公式SNSを要確認) ⓓJR越前大野駅から徒歩11分 ⓔ7台 MAP P49

▲老舗醸造の醤油を使ったジェラート。シングル450円

ふくそばほんてん
福そば本店

地元産そば粉を使った名店

創業60年の名店だが、店舗は改装を経てシックできれいに。大野産のそば粉を石臼で自家製粉し、ツユも大野産の醤油と名水を使用。そばはすべて十割そば。

☎0779-66-2930 ⓐ大野市元町11-4 ⓑ11〜14時LO(麺がなくなり次第終了) ⓒ水曜 ⓓJR越前大野駅から徒歩10分 ⓔ11台 MAP P49

▶4つの味が楽しめる欲張りな奥山そば1400円(価格変更の可能性あり)

いとうじゅんわどう
伊藤順和堂

ふっくらホクホクの"いもきんつば"が絶品

大野で100年以上の歴史がある和菓子店で、朝市にも出店する。9月から4月に期間限定で販売されるいもきんつばが大人気で、午後には売り切れることも。

☎0779-66-2125 ⓐ大野市元町9-21 ⓑ8時〜16時30分 ⓒ水曜 ⓓJR越前大野駅から徒歩10分 ⓔ30台(元町会館駐車場利用) MAP P49

▲水まんじゅう1個150円。ともきんつば 1個180円。(下) 水まんじゅうは5〜8月ごろ、いもきんつばは9〜4月ごろ限定販売

大野
0 200m
徒歩約3分

P.51 宇芳 酒造場
南部酒造場 P.51
越美北線
七間朝市 P.48
伊藤順和堂 P.49
武家屋敷旧田村家 P.46
阿さひ旅館
越前大野城 P.48
越前こぶし組人力車乗り場 P.49
gelateria CICCI P.49
福そば本店 P.49
扇屋
結ステーション前
日吉神社
三浦屋旅館 越前大野駅
真名鶴酒造 P.51
P.47 御清水
俵屋
モモンガコーヒー P.49
大野神明局

豊かな自然に育まれた
おいしい福井の地酒を楽しみましょう

日本有数の米どころとしても有名な福井には、各地に酒蔵が点在しています。
お気に入りの一杯を見つけてみませんか？

えしこと
ESHIKOTO

新時代の酒蔵を目指して
酒と食が彩る文化を発信

逆さから読むと「とこしえ」。永遠、地元・永平寺から着想した新ブランド。レストラン、テイスティングスペースを充実させ、アートディレクションには佐藤卓氏を迎える。どの建物も入店は20歳以上。

☎0776-63-1030 🏠永平寺町下浄法寺12-17 酒楽棟 🕙10〜17時 🚫水曜、第1・3・5火曜（不定休あり）🚃えちぜん鉄道永平寺口駅から車で6分 🅿37台
(MAP)折込裏D2

▶店内や通路、地下階段などに展示されるアートの数々。女優であり陶芸家でもある結城美栄子氏の陶芸作品も

▶福井市美山地区で育つ美山杉の長椅子とテーブル

▲酒楽棟（左）と臥龍棟（右）からなる。臥龍棟の見学は不可

提供：石田屋二左衛門

施設内のおすすめスポット

▼福井県産の梅を使ったESHIKOTO限定梅酒 300㎖1650円、720㎖3300円

いしだや えしことてん
石田屋 ESHIKOTO店

テイスティングでお気に入りの銘柄探し

同店のみでしか購入できない「永」シリーズ（とこしえ）を試飲できる。県産の酒米にこだわり、昔ながらの生酛造りのまろやかですっきりとした味わい。

☎0776-63-1030（代表）🕙10〜17時（テイスティングは〜16時30分LO）🚫施設に準ずる
▶テイスティング60㎖×3種類2500円。定期的に種類変更。1種類1000円

あぺろ あんど ぱてぃすりー あこや
Apéro & Pâtisserie acoya

福井の風土とフレンチが融合した料理

レストランとパティスリーが併設。県内作家の器に地元の食材や調味料を使った料理を盛る。地酒とのマリアージュも楽しめる。

☎0776-97-9396 🕙モーニング9〜10時（平日は要予約）、ランチ11時〜13時30分LO、デザート11〜17時LO 🚫施設に準ずる
▶ほんのり吟醸香がする黒龍大吟醸ソフトクリーム600円

酒蔵巡りを楽しむなら
こちらもおすすめ

福井県内26の酒蔵と、あわら温泉女将の会が参加する「ふくい酒蔵ある記」。各酒蔵で1000円（税別）以上の買い物をしてラベルやスタンプを集めると、抽選で笏谷石の盃などが当たる。2026年2月28日まで。
☎0776-20-5346（福井市観光振興課）

まだある！福井のおいしい地酒を check！

やわらかな香りとうま味が特徴
やすもとしゅぞう
安本酒造
☎0776-41-0011 住福井市安原町7-4 ⏰9〜17時 休不定休 交JR福井駅から車で20分 P5台
MAP折込裏C3

白岳仙 純米大吟醸濡烏（ぬれがらす）
720㎖ 6600円
酒造好適米・吟のさとを100％使用している

北の庄 久寿龍純米吟醸
720㎖ 1650円
スッキリ辛口の味わい

米のうま味を追求する老舗蔵元
ふなきしゅぞう
舟木酒造
☎0776-54-2323 住福井市大和田町46-3-1 ⏰9〜17時 休日曜、祝日、ほか不定休 交北陸自動車道福井北ICから約4km P7台 MAP折込裏C2

勝山の名水で仕込んだ地酒
いっぽんぎくぼほんてん
一本義久保本店
☎0779-87-2500 住勝山市沢町1-3-1 ⏰9〜18時 休土・日曜、祝日 交えちぜん鉄道勝山駅から車で5分 P3台 MAP折込裏E2

一本義 辛口純米酒
720㎖ 1375円
ほんのりとチェリーのような香り。潤いのある、みずみずしい辛口酒

三国港駅
芦原温泉駅
舟木酒造
福井駅
一本義久保本店
宇野酒造場
鯖江駅
安本酒造
越前大野駅
南部酒造場
武生駅
九頭竜湖駅
真名鶴酒造

福井の米と水で丁寧に造った逸品
うのしゅぞうじょう
宇野酒造場
☎0779-66-2236 住大野市本町3-4 ⏰8時30分〜17時 休不定休 交JR越前大野駅から徒歩15分 P5台 MAP P49

一乃谷 大吟醸さかほまれ
720㎖ 3520円
華やかな香りがあり、甘み豊かで濃醇な大吟醸

食事とも合う花垣の代表作
なんぶしゅぞうじょう
南部酒造場
☎0779-65-8700 住大野市元町6-10 ⏰9〜17時 休不定休 交JR越前大野駅から徒歩10分 P観光協会裏駐車場利用 MAP P49

花垣 特選大吟醸
720㎖ 3300円
優雅な果実の香りと繊細な舌ざわり

新しい日本酒を創造する老舗酒造
まなつるしゅぞう
真名鶴酒造
☎0779-66-2909 住大野市明倫町11-3 ⏰9〜17時 休日曜、祝日 交JR越前大野駅から徒歩7分 Pなし MAP P49

純米吟醸 酒造魂さかほまれ
720㎖ 2450円
米も酵母も福井産の意欲作

「ESHIKOTO」ではウェディングフォトや成人式の前撮りなどが可能。通常は非公開の臥龍棟でも撮影できるので記念にぜひ。

神秘の宗教都市
平泉寺白山神社を歩く

かつて日本最大規模の宗教都市で、白山信仰の拠点寺院だった「平泉寺白山神社」
苔のじゅうたんで覆われた静寂の世界を体感しましょう。

荘厳な雰囲気を漂わせる二の鳥居は、神仏習合の形式

1 御手洗の池　2 拝殿後の石垣　3 拝殿・本社　4 南谷発掘地

へいせんじはくさんじんじゃ
平泉寺白山神社

**苔むす境内に
蘇る中世の姿**

霊峰白山（標高2702m）の越前側登拝口に開かれた白山信仰の拠点寺院で、今から約1300年前、泰澄によって開かれた。明治初期の神仏分離令によって平泉寺白山神社と改名。中世には北陸でも有数の勢力を誇り、現在よりはるかに広大な境内に、数十の堂や社、数千に及ぶ坊院が立ち並んでいたといわれる。天正2年（1574）に焼失し、平成元年（1989）からの発掘調査によって当時の遺構がそのまま地中に埋もれていることが確認され、坊院跡も徐々に明らかに。旧境内は200haにわたって広がり、現在も地道な発掘が続いている。

☎0779-88-1591（社務所）住勝山市平泉寺町平泉寺56-63 時休料境内自由（庭園は50円）交えちぜん鉄道勝山駅から車で10分 P87台（白山神社、まほろば共通.環境維持協力金1台300円）MAP折込裏E3

1 御手洗の池
泰澄が平泉寺を訪れたとき、白山の女神が現れたところと伝えられる。かつては「平清水」とよばれており、平泉寺の名前の発祥の地とされる。

2 拝殿後の石垣
3mを超える大きな石を使って積まれた石垣。平泉寺の有力な坊院である飛鳥井宝光院と波多野玉泉坊が競い合って積んだといわれている。

3 拝殿・本社
かつての拝殿があった基礎が残る。間口が約80mと、巨大な建物だったことがうかがえる。裏の本社には両脇の社とともに白山三山の神を祀る。

4 南谷発掘地
中世宗教都市としては国内最大級の遺構。発掘の成果は白山平泉寺歴史探遊館まほろばで見学できる。
☎0779-87-6001

観光2大スポット、東尋坊・あわら温泉へ
断崖絶壁の絶景に感動

展望台や遊覧船から海上をウォッチングしたり、
商店街ではワンコインで食べ歩き。
県内有数の観光地・東尋坊は景色だけでなく楽しみは崖の手前から多彩です。
宿泊は北陸有数の温泉街で名旅館が立ち並ぶあわら温泉へ。

これしよう！
江戸時代の豪商
旧岸名家を見学

三国独特の"かぐら建て"
の材木商・岸名惣助邸を
訪ねよう（☞P60）

これしよう！
足湯の"芦湯"で
5つの浴槽を試そう

泉質や温度の異なる源泉
の足湯のハシゴを楽しもう
（☞P63）

これしよう！
東尋坊の崖上を
ドキドキウォーキング

ザ・絶壁の正統派景勝地
は崖の上を実際に歩ける
（☞P56）

東尋坊・あわら温泉は
ココにあります！

一度は訪れたい絶景と名湯が楽しめるエリア

東尋坊・あわら温泉

とうじんぼう・あわらおんせん

こんなところ

崖の上を歩いて散策できる東尋坊は県内1
の人気景勝地で国の名勝・天然記念物で
す。断崖絶壁に打ち寄せる波の白さは忘れ
られない思い出に。感動の瞬間を味わった
後は、北陸有数の温泉街あわら温泉の極上
宿で癒やしのひとときを。

access

●福井駅から東尋坊・
あわら温泉へ
えちぜん鉄道三国芦原線に
乗り約40分であわら湯のま
ち駅に到着。東尋坊は三国駅
で下車しバスで約10分。

●福井駅から三国へ
あわら温泉と東尋坊の中間に
ある三国駅で下車し散策。

問合せ
☎0120-840-508
えちぜん鉄道(お客様相談室)

朱色の橋でつながる
パワスポ雄島へ
全長224mの橋をわ
たると入口に大湊神
社の鳥居が印象的。

巨大プールが目印
芝政ワールドで遊泳
北陸No.1の広大な
敷地のテーマパーク
で遊ぼう（☞P67）。

道の駅 蓮如の里あわら

日本海

0　　　2km

N

北潟湖

29

あわら市

細呂木駅

305

芝政ワールド

雄島

東尋坊
(☞P56) 2

三国温泉

東尋坊三国温泉

三国港駅

三国湊きたまえ通り
(☞P60) 3

三国駅

旧岸名家
(☞P60) 4

芦原温泉

あわら湯のまち
駅観光案内所
(☞P62) 1

あわら湯の
まち駅

水居駅

9

29

芦原温泉駅

あわら市役所

北陸新幹線

ハピライン

ふくい

三国神社駅

番田駅

本荘駅

5

8

大関駅

えちぜん鉄道
三国芦原線

坂井市

三国芦原線

下兵庫こうふく駅

20

20

レトロな三国町の
街並みと建築に注目
江戸、明治の名建築
がおしゃれにリノベさ
れている（☞P60）。

観光のヒント
東尋坊周辺には
パワスポや港町も
絶景のあとはレトロな港町での
街歩きや、「神の島」とよばれる
島で元気をチャージしよう。

おすすめコースは
6時間

JR北陸本線の芦原温泉駅
からえちぜん鉄道三国芦原
線へ乗り換え。あわら湯の
まち駅から三国駅の途中で
東尋坊や三国湊きたまえ通
りのレトロな街並みをお散
歩するのも楽しいです。

スタート

1　　　2　　　3　　　4

ゴール

芦原温泉駅
▶ バスで10分

あわら湯のまち駅
観光案内所
見学
▶ 鉄道で6分、バスで9分、
徒歩5分

東尋坊
見学
▶ 徒歩5分、バスで7分

三国湊きたまえ通り
見学
▶ 徒歩5分、バスで10分、
徒歩7分

旧岸名家
見学
▶ 徒歩すぐ

三国駅
▶ 徒歩7分

東尋坊・あわら温泉

迫力ある断崖絶壁を遊覧船で行く絶景! 東尋坊遊覧船クルーズ

県内随一の名勝である東尋坊は、海側から見ても迫力満点。
陸から見るのとはまた違う奇岩たちの表情を、遊覧船から鑑賞しましょう。

東尋坊（とうじんぼう）って
こんなところ

マグマからできた火山岩の一種、デイサイトの柱状節理が約1kmにわたり広がっている、日本有数の奇勝。不安定な岩場が続き、景観保護の観点から柵などが設置されていない東尋坊では、足元に細心の注意を。ヒールやサンダルは避けて、歩きやすい靴で行こう。

☎0776-82-5515(東尋坊観光案内所) 住坂井市三国町東尋坊 時見学自由 交えちぜん鉄道三国駅から京福バス東尋坊線で9分、東尋坊下車、徒歩5分 P周辺有料駐車場 MAP P59A1

美しい日本海と断崖絶壁の迫力が楽しめる

航海スタート!

1 板状節理（ばんじょうせつり）

雄島の海岸線の北側から西側に多い地形。溶岩が冷え固まってできる流紋岩が板状をなし、表面には溶岩の流れによる波のような縞模様が見られる。雄島は東尋坊から車で4分ほどの距離にある。

神の島を取り巻く波模様の岩

3 恐竜岩（きょうりゅういわ）

黒々とした東尋坊の絶壁に、白く浮かび上がる肉食恐竜のシルエット。自分で見つけられなくても、ガイドさんが案内してくれるので安心。

東尋坊に隠れ恐竜!?

2 ハチの巣岩（はちのすいわ）

船から見上げると雄島が柱状節理の島であるとわかる。あたかも巨大なハチの巣がぶら下がっているような岩。

海から見る雄島の奇岩風景

56

東尋坊タワーからも絶景を味わえる

海抜約100mの場所に立つ東尋坊のランドマーク・東尋坊タワーの展望台からは、周辺360度の日本海を望む景色が広がる。北西に延びる海岸線や雄島も含んだ絶景を一望しよう。
☎0776-81-3700 (MAP)P59A1

4 大池
おおいけ

無数の柱状の岩がひしめくように突き出た絶壁は約25m、ビル8〜9階に匹敵する高さ。船がぎりぎりまで接近するのでその圧巻のスケールをより実感できる。

海からそそり立つ東尋坊の象徴

東尋坊観光遊覧船

崖下の入り江から出港して雄島へ向かい、旋回して奇岩と絶壁を観賞する約30分のクルーズ。ベテランガイドによる案内が「笑える」「わかりやすい」と評判。
☎0776-81-3808 (住)坂井市三国町安島 (¥)乗船1800円 (時)9〜16時(11〜3月は〜15時30分)※15〜20分間隔で随時運航。海の状況により欠航あり (休)水曜、12月29日〜1月31日 (交)バス停東尋坊から徒歩5分 (P)周辺駐車場利用 (MAP)P59A1

海の状況によっては乗り場の変更があるので運航情報を要チェック

5 ライオン岩
らいおんいわ

オスのライオンが腹ばいになっている後ろ姿に見える岩。このあたりは奇岩が多いので目を凝らしてみて。

言われてみれば!?ライオンかも

6 ロウソク岩
ろうそくいわ

ゴール！

蝋が流れて固まったような岩は白くきめ細やか。陸からは夕日を浴びると灯りがともったように見える。

夕日が重なれば神秘的

東尋坊の知名の由来は、12世紀後半に勝山市にあった平泉寺白山神社(☞P.52)にいた東尋坊というお坊さんだと伝わっています。

絶景とクルーズを満喫した後は
東尋坊商店街でグルメ&おみやげ探し

東尋坊の絶景ビューを望むカフェやレストラン
ユニークなスイーツやおみやげを商店街でゲットしましょう。

いわば かふぇ
IWABA CAFE

きらめく水平線を望む特等席

岩場至近のロケーションに位置するカフェ。岩礁から雄島、水平線までおおらかな海景を見渡すことができ、夕日のひとときは息をのむ美しさ。オリジナルブレンドコーヒーやスイーツなどが揃う。
☎0776-81-7080 🏠坂井市三国町安島64-1-9 🕙10時〜日没の30分前LO 🈺不定休 🚌バス停東尋坊から徒歩5分 🅿なし MAP P59A1

▶もこもこソフト730円はカエルのアイアンスタンドで

岩場タルト
650円
バナナを使ったオリジナルタルト。岩場ブレンドコーヒーはMが530円、Lが580円

▲屋上には潮風が心地よいテラス席がある

▶全面オーシャンビューの店内。夕暮れどきに訪れるのもオススメ

極味膳 **4950円**
地元食材を活かした人気No.1の贅沢ランチ

▼雄島を望む北欧スタイルの店内は大人の隠れ家のよう

うみのれすとらん おおとく
海のレストラン おおとく

魅惑の海と越前の幸

三国温泉内湯の宿おおとくの別館で、和食とイタリアンで修業をしたシェフが腕をふるう。毎朝市場から仕入れる魚介など地元の旬の味を良心価格で提供している。
☎0776-82-7133 🏠坂井市三国町安島24-83 🕙11〜14時 🈺水曜 🚌えちぜん鉄道三国駅から京福バス東尋坊線で19分、安島下車、徒歩3分 🅿20台 MAP P59A1

東尋坊商店街で福井グルメを楽しもう

東尋坊商店街の**小南亭**は定食や海鮮丼、麺類などメニュー充実の食事処で、グループや家族連れで賑わう。店頭では、素材にこだわったソフトクリームも販売。

☎0776-82-0586 **MAP** P59A1

ぎゃらりー・あしや
ギャラリーあしや

大人気がけっぷちグッズ

おもしろグッズを扱うショップ。Tシャツをはじめ、東尋坊にちなんだ「がけっぷち」シリーズが人気。

☎0776-81-3666 住坂井市三国町安島64-1-1 ⏰9〜17時 休無休 交バス停東尋坊から徒歩4分 Pなし **MAP** P59A1

がけっぷち
提灯マグネット
500円
ワンコインの魅力についつい購入!

がけっぷちキーホルダー
600円
旅の思い出にぴったり

がけっぷちタオル
各900円
がけっぷちのテキストがユニークなミニタオル

がけっぷちTシャツ
各2500円
このTシャツを購入しに遠方から訪れる人もいるそう

がけのちかくのていりゅうじょ ふくびより
崖の近くの停留所 福日和

真っ黒シューが話題

お取り寄せグルメとしても人気の崖淵シュークリームを焼きたてで購入できる。

☎0776-89-1258 住坂井市三国町米ケ脇2-1-35 ⏰9時30分〜18時 休不定休 交えちぜん鉄道三国駅から京福バス東尋坊線で7分、荒磯遊歩道下車、徒歩9分 P15台 **MAP** P59A2

崖淵シュークリーム
1個430円〜
生カスタード、生チョコカスタード、キャラメルクリームのほか抹茶やとみつ金時も

崖っぷりん
450円〜
竹炭パウダー入りのプリンにザクザククッキーをのせて食べる

ブラックオレ
450円
黒色が強くなかなか混ざらないのがいい

東尋坊・三国
0　500m
徒歩約7分

お坊さん、東尋坊が酔っているところを崖から突き落とされその1週間後、東尋坊の自宅井戸から血が滲み出た。といわれています。

59

港町・三国湊きたまえ通りで
レトロな街並みと名建築に出合う

東尋坊にほど近い三国湊は、水運などで古くから栄えた港町。
近年は町家をおしゃれに改装するなど、注目度急上昇中の街です。

きゅうきしなけ
旧岸名家

江戸時代の豪商の町家を見学

江戸時代後期に建てられた、材木商・岸名惣助邸を公開。妻入の建物の前面に平入の建物を付けた、三国独特の"かぐら建て"の町家で、色土壁などのしゃれた内装が特徴だ。
☎0776-82-0947 住坂井市三国町北本町4-6-54 ¥入館100円（マチノクラ共通200円）◐9～17時 休水曜 交えちぜん鉄道三国駅から徒歩6分 P20台 MAPP59A2

玄関には、板の両側に格子を組んだ珍しいしとみ戸が残る

復元された1階部分は店の帳場や座敷、台所がある。2階は三国ゆかりの文化人の資料を展示

三國湊座　祇園通り　旧森田銀行本店　広小路

三国湊きたまえ通り

マチノクラ／マチノニワ　三国湊町家館　旧岸名家　S'Amuser　ジェラート・カルナ

N

まちのくら/まちのにわ
マチノクラ/マチノニワ

三国の歴史や文化を資料や映像で紹介

地元のまちづくりプロジェクトによって造られた資料館と庭からなる施設。かつて日本海屈指の交易港だった三国の歴史と文化を学ぶ資料やガイダンスムービーを見学できる。ぜひ散策前に見ておきたい。
☎0776-82-8392 住坂井市三国町北本町4-6-48 ¥入館150円（旧岸名家共通200円）◐10～16時 休水曜 交えちぜん鉄道三国駅から徒歩5分 P20台 MAPP59A2

▲海運の歴史と文学の回廊をもつミニ資料館

マチノニワは九頭竜川の河口を正面奥に望む心地よい庭

港町の散策には**レンタサイクル**がおすすめです

歴史深い豪華な洋館や町家が連なる三国町は風情たっぷり。旧商家の町家を改装した観光休憩所の**三国湊町家館**にはレンタサイクルがある。さわやかな風を感じながらのサイクリングも気持ちいい。
☎0776-82-8392(三國會所) 休水曜

きゅうもりたぎんこうほんてん
旧森田銀行本店

贅沢な造りが素敵な
大正建築を拝見

豪商・森田家が創業した銀行の旧跡で、大正9年(1920)に建てられたもの。約7mものケヤキの一枚板カウンターや彫刻飾りなど、細部までこだわり抜いた豪華な内装にうっとり。
☎0776-82-0299 住坂井市三国町南本町3-3-26 ¥無料 ◎9〜17時 休月曜 交えちぜん鉄道三国駅から徒歩6分 P6台
MAP P59A2

左右対称の建物内部は漆喰装飾を多用した豪華な造り

▲ 一見レンガ造りのような外壁は、実はタイル張り。建物は国の登録有形文化財

みくにみなとざ
三國湊座

名物バーガーで腹ごしらえ

地元の食材をたっぷり使った三国バーガーが食べられるカフェ。モダンでくつろげる店内はひと休みするのに最適。三国の特産品も扱う。☎0776-81-3921 住坂井市三国町北本町4-6-48 ◎10〜17時 休水曜(祝日の場合は翌日) 交えちぜん鉄道三国駅から徒歩5分 P8台
MAP P59A2

▶ 三國バーガー700円。福井・坂井産ビーフと国産ポークのパティ、たっぷりの野菜に、三国産のらっきょうがアクセント。

じぇらーと・かるな
ジェラート・カルナ

地元素材で作る絶品ジェラート

店主が経営する牧場のミルクや地元の食材などで作るジェラートは、いずれも素材の味が生きたやさしい味わい。年間通して計100種以上の味があり、季節に合わせて常時14種類以上がスタンバイ。
☎0776-81-3225
住坂井市三国町南本町3-4-34 1階 ◎13〜17時 休水曜 交えちぜん鉄道三国駅から徒歩7分 P3台 MAP P59A2

▶ ジェラートダブル500円〜。三国の海の塩や三国町のトマトなど珍しい味も。好きな種類を一口分サービスしてくれるのもうれしい!

さみゅぜ
S'Amuser

古民家で味わう三国フレンチ

旧森田銀行本店の向かいにあるフレンチ料理店。三国出身のシェフが作る地元の素材を生かした上質なフレンチを提供。古美術店だった趣のある建物もみどころ。
☎0776-97-9237 住坂井市三国町北本町4-5-31 ◎11時30分〜13時30分LO、18時〜21時30分LO 休火曜、ほか不定休 交えちぜん鉄道三国駅から徒歩6分 P6台
MAP P59A2

▲ せいこガニパスタ(時価)。甲殻類のだしとトマトの軽いクリームソースが相性抜群

📖 旧森田銀行本店の営業室奥の扉には大正時代に建てられた当時のガラスがそのまま残されています。

開湯約140年、北陸有数の温泉街
湯けむり香るあわら温泉を散策

温泉街の伝統芸能に触れ、風情ある足湯でのんびりくつろいだり、
歩き疲れたら、こだわりの豆でコーヒーをいれるカフェでひと休みしましょう。

✚ あわら温泉って
こんなところ

明治16年（1883）開湯の、北陸有数の温泉地。74本もの源泉を有し、宿によって異なる泉質・効能をもちます。県内外から多くの人が癒やしを求めて訪れ「関西の奥座敷」とよばれる名湯。見事な庭園、良質で豊かな源泉、丹精込めて作られる料理の数々など、心身ともにリラックスできる温泉です。
☎0776-77-1877（あわら湯のまち駅観光案内所）🚗北陸道金津ICから約10km

あわらの湯

あわらゆのまちえき かんこうあんないじょ
あわら湯のまち駅 観光案内所
温泉街のスタート地点

あわら温泉の情報を入手できる観光案内所。ブランドサツマイモの「とみつ金時」を使用した、1日30個限定のあわら温泉蒸しっしゅプリンなど、あわらみやげも販売。
☎0776-77-1877 🏠あわら市温泉1-1-1 🕐8時30分〜17時15分 休無休 🚃えちぜん鉄道あわら湯のまち駅舎内 🅿15台 MAP P63B1

▼あわら温泉のおみやげが揃う

ランチ・スイーツ
めぐり
クーポン

▲グルメとおやつ1品が選べて、温泉卵作り体験もできるランチ・スイーツめぐりクーポン1600円

ゆけむりこーひーてん
ゆけむり珈琲店
スペシャルティコーヒー豆を100%使用

仕入れる生豆は選りすぐりの100%スペシャルティグレード。コーヒー豆のほか、コーヒースイーツ、希少な豆を使用したコーヒーバッグやかわいいパンダのコーヒーギフトなどが揃う。
☎0776-65-4632 🏠あわら市二面34-38-1シャルマンハウス102 🕐9〜17時 休火曜 🚃えちぜん鉄道あわら湯のまち駅から徒歩3分 🅿4台 MAP P63C1

▲厳選されたスペシャルティグレード豆のみを使用した、コーヒー中毒者のための珈琲テリーヌ3000円

パンダのイラストが目印▶

東尋坊・あわら温泉 ● 湯けむり香るあわら温泉を散策

漫画「ちはやふる」に
登場したお菓子

浅野耕月堂の「松乃露」は、卵型のキノコ「松露(しょうろ)」を模した銘菓。卵白と砂糖で作った生地に粉末コーヒーを振りかけてある。シンプルで軽い口当たりが魅力で、コーヒーにも合う。小箱486円～。
☎0776-77-2035 **MAP**P63B1

芦湯 <small>あしゆ</small>

5つの浴槽で疲れをほぐす

北陸屈指の広さがある無料の足湯施設。福井特産の笏谷石(しゃくだにいし)を用いた浴槽が5つあり、泉質や温度の異なる源泉を引いている。大正～昭和初期の意匠を取り入れた建物も温泉情緒たっぷり。
☎0776-78-6767 **住**あわら市温泉1-203(あわら温泉湯のまち広場内) **¥**無料 **⏰**7～23時 **休**無休 **交**えちぜん鉄道あわら湯のまち駅からすぐ **P**15台(あわら湯のまち広場駐車場利用) **MAP**P63B1

▲広々としていてのんびりと温まれる「舟湯」

▼湯けむり楼を設けた平屋建ての数寄屋風建築。夜はライトアップされ、いちだんと風情が増す

▶お姉さんの軽快なおしゃべりでリラックスしながら、舞妓・芸妓さんに変身

伝統芸能館 <small>でんとうげいのうかん</small>

あわらの伝統芸能を肌で感じよう

えちぜん鉄道あわら湯のまち駅前の「あわら温泉湯のまち広場」内にある。芸妓の稽古場や伝統芸能の発表の場として利用されており、芦原温泉芸妓協同組合による各種体験ができる。
☎0776-78-6767 **住**あわら市温泉1-203 **●**舞妓・芸妓変身体験 **¥**1万6500円 **⏰**9時～・13時～ **●**お座敷遊び体験 **¥**6名2万3100円、以降1名あたり3850円※6名から催行 **⏰**14時30分～(応相談) **休**完全予約制 **交**えちぜん鉄道あわら湯のまち駅からすぐ **P**3台 **MAP**P63B1

あわら温泉
0 100m
徒歩約2分

ゆ楽ホテル
薬師神社
芦原交番前
P.63 浅野耕月堂
花の宿福寿
P.66 越前あわら温泉 つるや
薬師神社
民宿八木
まつや千千 P.66
みのや泰平閣
清風荘
普久寺 芦湯
あわら温泉ホテル八木 P.65
光風湯圃 べにや P.66
セントピアあわら P.67
伝統旅館のぬくもり灰屋
安養院
あわらグランドホテル
浄泉寺
二面2号公園口
あわら温泉湯のまち広場
ゆけむり珈琲店 P.62
あわらの
まち駅
あわら温泉屋台村 P.67
湯けむり横丁
P.63 伝統芸能館
あわら湯のまち駅 観光案内所 P.62
芦原小
えちぜん鉄道
三国芦原線
P.64 グランディア芳泉

最盛期、1950年代には250人を数えたというあわら芸妓。今でも人数は少ないものの現役の芸妓さんが日夜芸を磨いています。

名湯・あわら温泉の名旅館で
極上のひとときを過ごしましょう

あわら温泉は北陸有数の温泉街で古くから関西の奥座敷として愛されてきました。
各宿自慢の豊かな温泉と美味しい食事で、心身ともにリラックス。

ぐらんでぃあほうせん
グランディア芳泉

種類豊富な浴槽と
効能豊かなお湯に癒やされる

2023年に創業60周年をむかえた温泉旅館。あわら温泉屈指の客室数を誇り、7000坪の広大な敷地には純和風庭園が広がる。煌粋殿 さくら亭、離れのここみち亭やゆとろぎ亭、別邸の個とぶてい
止吹気亭など多彩な客室が揃う。また、さくら亭にはおしゃれな恐竜ルームもあり、子どもも大人も楽しめる。館内には全日無料でドリンクやアルコールが飲めるラウンジ、おみやげが買えるショッピングモール「花春秋」、無料の温泉たまご体験、カラオケルームなど1日中楽しめる施設が揃っている。

☎0776-77-2555　🏠あわら市舟津43-26
🚗えちぜん鉄道あわら湯のまち駅から徒歩10分　🅿300台　●全111室　●1964年創業　●泉質:アルカリ性単純温泉　●風呂:自家源泉3本 内湯4 客室露天33 足湯1
🗺️P63A1

半露天風呂付き客室でゆったり過ごせるさくら亭SUITE

料金 1泊2食付き
＋ 平　日　2万2150円〜
＋ 休前日　2万6650円〜
🕐 IN15時　OUT10時

日帰りプラン
温泉と食事を満喫する日帰りプランもあります。ディナービュッフェはドリンクインクルーシブで2名から。

1 大風呂のほか、寝湯や檜風呂など湯船の種類も豊富で湯めぐり気分を楽しめる
2 星の湯には美泡の湯（マイクロバブルバス）も備わっている
3 洗練された恐竜ルームも人気

🏠源泉かけ流し　🏠部屋食　💆エステあり　🚭禁煙ルームあり　♨️大浴場あり　🧍ひとり宿泊OK

あわら温泉の
女将さん全員が
「利き酒師」です

「もっと福井の食文化を知ってほしい」という思いから、あわら温泉女将の会の女将たち13名が、利き酒師の試験にチャレンジ。平成25年（2013）に全員が合格した。各旅館では女将たちがセレクトした「女将の利き酒セット」を提供しているので、ぜひ味わってみて。

凪 🐟 ♨ ゆ

あわらおんせん ほてるやぎ
あわら温泉 ホテル八木

心地よい空間で
時間を忘れてくつろげる

明治16年（1883）創業のあわら温泉で最も古くからある宿の一つ。伝統を重んじつつも、新しい宿泊のスタイルで宿泊者を飽きさせない老舗旅館。夕食後の「振る舞い酒」（大人限定）やパティシエ特製の「ウェルカムスイーツ」、夕食前の「焼きマシュマロ」、入浴後の「湯上りアイスバー」、夜間の「夜な夜な菓子」などサービスが充実している。食事は地元あわらや福井県産を中心に、全国から厳選した食材を使用。食べるスピードに合わせて出来たてを提供することにこだわっている。

☎0776-78-5000 ⊞あわら市温泉4-418
🚃えちぜん鉄道あわら湯のまち駅から徒歩5分
Ⓟ20台 ●全20室 ●1883年創業 ●泉質
：塩化物泉（食塩泉） ●風呂：自家源泉1
本 内湯2 露天2 客室露天1 MAP P63B1

大きな窓から日本庭園を望むラウンジ。日本庭園は散策自由

料金 1泊2食付き
✦ 平　日　3万5000円～
✦ 休前日　4万円～
🕐 IN15時　OUT11時

露天風呂付きプラン
宿唯一の露天風呂付き特別客室は、小さな庭も付き、もちろん部屋風呂も温泉。

1自家源泉かけ流しの天然温泉で、保温効果の高い食塩泉。24時間入浴可能 **2**池田町にある小豆書房の店主や館主によるセレクト本を用意するライブラリー **3**チェックイン時に提供されるウェルカムスイーツ

東尋坊・あわら温泉 ● 名湯・あわら温泉の名旅館

📖 あわら市のふるさと納税の返礼品には、あわら温泉の15の旅館で使える宿泊回数券があります。何度でも来たくなってしまいそう。

まだまだあります
あわら温泉の名旅館をチェック

あわら温泉の特徴は、何といっても宿ごとに異なる源泉です。
料理、設えのいい客室、愛犬も泊まれるなど特色あるお宿をご紹介します。

えちぜんあわらおんせん つるや
越前あわら温泉 つるや

名棟梁が手がけた純和風の木造建築

地元の素材で作られた創作懐石料理は、質のよさにこだわり提供される。敷地内に3本の自家源泉を引くかけ流しの湯のほか、自慢の石庭も見逃せない。
☎0776-77-2001 住あわら市温泉4-601 交えちぜん鉄道あわら湯のまち駅から徒歩3分 P30台 MAP P63B1

▲ぬくもりを感じられる
露天風呂の石庭

料金	1泊2食付き
平 日	3万8500円〜
休前日	4万4000円〜
IN15時 OUT11時	

まつやせんせん
まつや千千

北陸最大級の露天風呂

男性5種、女性7種の豊富な種類の湯船があり、湯めぐり気分を楽しめる。源泉大浴場露天風呂「千のこぼれ湯」は約500坪の広さで北陸最大級のスケール。無料の温泉卵作りコーナーなどの楽しみも。
☎0776-77-2560 住あわら市舟津31-24 交えちぜん鉄道あわら湯のまち駅から徒歩7分 P200台 MAP P63A1

◀女性用大浴場「百百の湯」にはエステも併設

料金	1泊2食付き
平 日	2万5000円〜
休前日	3万円〜
IN15時 OUT10時	

みまつ
美松

露天風呂付きの多彩な客室

大浴場は、大きな月の円を描く「明月殿」と開放感あふれる「太陽殿」を男女入れ替えで楽しめる。
☎0776-77-2600 住あわら市舟津26-10 交えちぜん鉄道あわら湯のまち駅から徒歩15分 P100台 MAP 折込裏C1

料金	1泊2食付き
平 日	2万6400円〜
休前日	2万9700円〜
IN14時 OUT12時	

こうふうゆでん べにや
光風湯圃 べにや

あわらの風土に身を委ねる

文人墨客が定宿にするほど格式のある宿。客室はすべて源泉かけ流しの半露天風呂を完備。
☎0776-77-2333 住あわら市温泉4-510 交北陸自動車道金津ICから約15km P20台 MAP P63B1

料金	1泊2食付き
平 日	4万7300円〜
休前日	5万2800円〜
IN15時 OUT11時	

げっか
月香

愛犬と泊まれる温泉旅館

ワンちゃん専用浴槽付き客室もあり、愛犬と一緒に過ごすことができる温泉旅館。
☎0776-97-8521 住あわら市舟津9-8 交えちぜん鉄道あわら湯のまち駅から徒歩15分 P20台 MAP 折込裏C1

料金	1泊2食付き
平 日	2万5000円〜
休前日	2万8000円〜
IN15時 OUT10時	

東尋坊・あわら温泉のおすすめスポット

あめりかふうなみきみち
アメリカフウ並木道

全長950mの絵になる並木道

あわら警察署の前にある全長950mの背の高い並木道はヨーロッパの風景のような景観。アメリカフウはモミジに似た葉で、モミジバフウともよばれる。**DATA**☎0776-78-6767（あわら市観光協会）🏠あわら市井江葭 🕐🈳散策自由 🚃えちぜん鉄道あわら湯のまち駅から徒歩10分 🅿なし **MAP**折込裏C1

ぶりりあんと はーと みゅーじあむ
Brilliant Heart Museum

時間とアートが生み出す神秘の空間

神の島「雄島」の変化する風景を1枚の絵画と考え、世界に発信するミュージアム。ゆっくりと時間を楽しむ場所がコンセプト。**DATA**☎090-6819-9956 🏠坂井市三国町安島26-21 🈳入館2000円 🕐4～11月の11～16時（予約制）期間中、月～木曜（祝日の場合は開館）🚃えちぜん鉄道三国駅から車で10分 🅿なし **MAP**P59A1

まるおかじょう
丸岡城

現存12天守の一つ

国の重要文化財で二重三階の独立式望楼型天守。霞ヶ城の別名のとおり、特に春満開の桜の中に浮かぶ姿は幻想的でひときわ美しい。**DATA**☎0776-66-0303 🏠坂井市丸岡町霞町1-59 🈳入城450円 🕐8時30分～17時（最終受付16時30分）🈺無休 🚃JR福井駅から京福バス丸岡城行きで50分、丸岡城下車すぐ 🅿150台 **MAP**折込裏C2

かなづそうさくのもり
金津創作の森

緑の中でアートに触れる美術館

現代アートが楽しめる森の中の美術館。野外作品の鑑賞や陶芸体験、ガラス体験も楽しもう。**DATA**☎0776-73-7800 🏠あわら市宮谷57-2-19 🈳入場無料（企画展・体験は有料）施設により異なる（美術館 アートコアは10～17時）🈺月曜（祝日の場合は翌平日）🚃北陸自動車道金津ICから約3km 🅿200台 **MAP**折込裏C1

あわらおんせんふるーつぱーく おかゆ
♪あわら温泉フルーツパーク OKAYU

みずみずしいフルーツに大興奮！

ブドウの摘み取り体験＆量り売りを行う施設。期間は7月下旬～10月中旬ごろ。シャインマスカットやナガノパープルをはじめ、20種類のブドウを栽培。**DATA**☎050-1807-3047 🏠あわら市山十楽58-27 🈳入園無料（1kg2000円～）🕐9～16時（変更の場合あり）🈺無休（平日要予約）🚃北陸自動車道金津ICから約6km 🅿10台 **MAP**折込裏C1

しばまさわーるど
♪芝政ワールド

北陸きってのレジャースポット

巨大プールが目玉の、日本海に面する広大なテーマパーク。2024年3月に恐竜アトラクションが新設。**DATA**☎0776-81-2110 🏠坂井市三国町浜地45 🈳スーパーパスポート4000円～、子ども（3歳～小学生）・シニア（65歳以上）2900円～ 🕐10～17時（季節により変動あり）🈺3～11月は無休、12～2月は要問合せ 🚃北陸自動車道金津ICから約13km 🅿5000台 **MAP**折込裏C1

えに・かにのくら
えに・かにの蔵

新鮮魚介のてんこ盛り丼が自慢

三国港のすぐそばにある魚問屋直営のお店。厳選された魚介をお得に味わえる。海鮮丼は旬の魚介が9種のった豪快・豪華版で、お吸い物と漬物がつく。**DATA**☎0776-81-7800 🏠坂井市三国町宿1-17-42 🕐10時30分～14時30分LO 🈺木曜（祝日の場合は営業、振替休あり）🚃えちぜん鉄道三国港駅から徒歩2分 🅿20台 **MAP**P59A2

あわらおんせんやたいむら ゆけむりよこちょう
あわら温泉屋台村 湯けむり横丁

あわら温泉のグルメが集結

昭和の屋台の雰囲気を再現した飲み屋街。おでんや串揚げ、ラーメンなど、8軒ほどの飲食店が軒を連ね、夜遅くまで営業している。海鮮や若狭牛といった、福井名物が味わえる店もある。**DATA**☎0776-77-1877 🏠あわら市温泉1-207 🕐店舗により異なる 🚃えちぜん鉄道あわら湯のまち駅前 🅿15台 **MAP**P63B1

せんとぴああわら
セントピアあわら

天地の湯を楽しむ共同浴場

開放感ある露天風呂「天の湯」と、地の中にいるような温もりを感じられる「地の湯」を、男女1週間交替で堪能できる。温泉卵作り（1個70円）が体験できるのもうれしい。**DATA**☎0776-78-4126 🏠あわら市温泉4-305 🈳おとな入浴600円 🕐10～23時 🈺第3火曜 🚃えちぜん鉄道あわら湯のまち駅から徒歩5分 🅿85台 **MAP**P63B1

冬にこたつで食べるのが大定番！
福井の「水ようかん」

福井県民の冬の定番スイーツ「水ようかん」。
福井のご当地あるあるの代表格。"ヘラですくって食べる" から一層なめらかです。

福井の水ようかんの はじまり

食文化の違いを知ったり体験できるのが旅の楽しみの一つで、意外性があればなおさら。福井の「水羊かん」は、現在でも県内でおよそ100軒もの店舗で製造・販売。スーパーやコンビニでも、"普通〜"の顔をして並ぶ食生活の一部。またの名を"でっち羊かん"。大正から昭和にかけて年少のうちから商店などで仕事をする"丁稚奉公"があった時代、若狭出身の若者が京都へ奉公に出た折、冬の里帰りのみやげの羊かんをご近所に配るために水で伸ばして作り直したため水ようかん状になったと伝わる。

冬に水ようかんを 食べる理由

「こたつとミカンと水ようかん」。水分たっぷりでとろけるようなやわらかさのようかんを、雪の降るころ暖かい部屋でヘラですくって食べる至福の時間。材料は、こし餡、角寒天、上白糖（黒糖）、塩、そして地元の名水。もちろん添加物は一切入っていない。一般的なようかんより糖度が低いので保存に適する冬の食べ物として伝承されているのもうなずける。もはや福井では、"冬に食べる理由"など存在せず、冬こそ食べるソウルフード。大野市では厳冬の2月に毎年、「でっち羊かんまつり」も開催され大いに賑わう。

定番の形は A4サイズの箱型

注目したいのは「箱」。デザインや味によりパッケージのバリエーションがさまざまでも、一般的なサイズはA4。高さ2〜3cmほどの平箱で、かつては越前漆の木箱に流して1枚いくらで販売したり、1列ずつくって売られていた。蓋を開け付属のヘラで切れ目に沿ってすくい、つるりと食べる…ん〜たまらない。

▶ 羽二重餅で有名な「錦梅堂」の水ようかん

◀ 赤い箱がトレードマーク「えがわ」の水羊かん

▶「村中甘泉堂」の水ようかん

◀「丸岡家」の水ようかん

圧倒的なシェアを誇る えがわの「水羊かん」

水ようかんの名店で11月から3月までの限定販売。水ようかんを通して福井の魅力を知ってもらいたいと、創業以来"冬だけの味"を頑固に守り続ける。きめの細かいこしあんがなめらかでつるんとした食感を生み、甘さは沖縄県産の黒砂糖。コクがありつつ飽きのこない風味豊かな味は、一度食べたら懐かしい福井の冬の味の記憶として残りそう。**DATA**（☞P32）

▲赤がキーカラーの福井市内の店舗

そして、2020年に新発売されたのが、凍らせて食べてもおいしい、「水かんてん」。味は黄金梅（柑橘系）、イチゴ、そして抹茶の3種類と季節限定品など。えがわが長年水ようかん作りで培ってきた技術を生かした商品で早くも人気。

▲水ようかんに付いているヘラも健在

日本海の美景と新鮮な海の幸の宝庫
福井が誇る伝統工芸も要チェック！

ダイナミックな絶景を望む爽快なドライブコース越前海岸や、越前がにをはじめとした海の幸やご当地グルメも豊富なエリア。歴史ある越前和紙や漆器、鯖江のめがねなど、ものづくりも盛んで伝統ある福井の手しごとが今も息づいている

これしよう！
クセになる
越前おろしそば
辛味大根にコシのある自
慢の麺を食べ歩きしてみ
よう（☞P84）

これしよう！
タケフナイフビレッジで
異次元の鏡の反射体験
鏡張りの空間にさまざま
な包丁のオブジェが。まる
で万華鏡のよう（☞P76）

これしよう！
めがねミュージアムで
めがねdeコラージュ
体験工房でめがね手作り教
室とフェイスキーホルダー
作りを（☞P74）

手しごとの息づく街と海鮮グルメ

越前・鯖江
えちぜん・さばえ

越前・鯖江は
ココにあります！

こんなところ

越前和紙、越前打刃物で有名な武生とめが
ねフレーム国内生産9割のシェアをもつ鯖
江は、ものづくりの伝統が息づく町。日本
海を望む絶景ドライブを楽しめる越前海岸
や、海鮮グルメも見逃せません。

a c c e s s

●福井駅から鯖江駅、
武生駅へ
ハピラインふくいで14分で鯖
江。さらに5分で武生です。福井
鉄道旧越前武生は新駅誕生に
伴い、たけふ新駅になりました。

●福井ICから鯖江ICへ
北陸自動車道で約4分。国道8号
も市内を横断し便利な立地です。

問合せ
☎0776-20-0294
（ハピラインふくい）

～越前・鯖江　はやわかりMAP～

**迫力ある
呼鳥門の洞穴**

高さ 約15m、幅 約
30mというダイナミ
ックさ（☞P72）。

**越前和紙の里で
「流し漉き」に挑戦**

伝統工芸士の指導
で体験。直売所でお
買い物も（☞P77）。

日本海

呼鳥門・

越前温泉

越前町

天谷鉱泉山

織田温泉

道の駅
パークイン丹生ヶ丘

道の駅西山公園

鯖江駅

南越前町

道の駅 越前
（☞P73） **1**

めがねミュージアム
（☞P74） **4**

武生駅

越前
たけふ駅

王子保駅

北鯖江駅

鯖江IC

鯖江市

北陸自動車道

3 **越前そばの里**
（☞P85）

越前和紙の里

道の駅
越前たけふ

越前市

2 **タケフナイフ
ビレッジ**
（☞P76）

道の駅
南えちぜん山海里

南条駅

森田駅

福井北
JCT

福井北
IC

福井駅

越前
花堂駅

六条駅

福井IC

足羽駅

大土呂駅

越前東郷
駅

武生IC

越前
たけふ駅

0　　　　　5km

観光のヒント

**国道305を走る
海岸美を爽快に**

越前海岸沿いは絶景スポット
として有名です。越前岬、呼鳥
門など奇岩断崖が続くまさに
"海岸美"といえるでしょう。

越前・鯖江

**おすすめコースは
7時間30分**

北陸自動車道鯖江ICをス
タートして道の駅でお買い
物。ものづくりの里・武生を
めぐり、越前そばの里でそ
ば打ちの体験を。めがねミ
ュージアムで、鯖江のめが
ねの魅力に触れましょう。

スタート		1		2		3		4		ゴール
		買う		見学		食べる		見学		
北陸自動車道 鯖江IC	▶ 車で40分	道の駅 越前	▶ 車で45分	タケフナイフビレッジ	▶ 車で10分	越前そばの里	▶ 車で12分	めがねミュージアム	▶ 車で45分	北陸自動車道 鯖江IC

絶景に癒やされ気分爽快
越前海岸シーサイドドライブ

個性的な奇石や美しい海を望む越前海岸は爽快なドライブコース。
ダイナミックな自然はもちろん、新鮮な海の幸、道の駅もお楽しみに。

モデルコース ▶ 所要時間 **約5時間**

北陸自動車道
鯖江ICから車で30分

1 劔神社
　車で1分

**2 越前町織田
文化歴史館**
　車で20分

3 呼鳥門
　車で10分

4 蟹かに亭
　車で7分

5 道の駅 越前
　徒歩すぐ

**6 越前温泉
露天風呂 漁火**

北陸自動車道
敦賀ICまで車で45分

東尋坊から敦賀方面へ続く長い長い海岸線は、絶好のドライブスポット

1 劔神社 （つるぎじんじゃ）

織田信長も信仰した古社

織田信長の祖先の故郷である越前町織田
に鎮座し、信長の手厚い保護を受けた。神
社所有の梵鐘は国宝に指定されている。

☎0778-36-0404 住越前町織田113-1 営●休
拝観自由 交北陸自動車道鯖江ICから約17km
P100台 MAP P73A2

2 越前町織田文化歴史館 （えちぜんちょうおたぶんかれきしかん）

劔神社や越前焼の歴史を学ぼう

劔神社所蔵の国宝梵鐘をはじめ、越前町の歴
史や、日本六古窯の一つ、越前焼の歴史などを
紹介する施設。越前町織田地区をルーツとし、
劔神社と縁の深い信長に関する資料も展示。

☎0778-36-2288 住越前町織田153-1-8 料入館100
円 営10～18時(入館は～17時30分) 休月曜 (祝日の場合
は翌日) ※そのほか臨時休館あり 交北陸自動車道鯖江IC
から約17km P20台 MAP P73A2

劔神社の境内の向かいに立
つ。図書館を併設

かつての織田の地
や劔神社の祭礼
を再現した模型も

3 呼鳥門 （こちょうもん）

自然が生み出した迫力あるトンネル

長い年月をかけて日本海の荒波や風が形
成した洞穴で、越前海岸を代表する景観
の一つ。鳥が羽を広げて舞い降りてくるの
に似ていることが名前の由来。かつては下
を国道が通っていたが、現在は通行不可。

☎0778-37-1234 (越前町観光連盟) 住越前町
梨子ヶ平 料●休見学自由 交北陸自動車道鯖江
ICから約28km Pなし MAP P73A1

活イカ3500円。透き通った新鮮なイカは、コリコリの食感が魅力

④ 蟹かに亭
かにかにてい

透明感のある活イカの名物丼

漁港に揚がる地魚の料理や活イカ料理、冬の越前がに料理を堪能できる。店内の生簀にはイカや魚が元気に泳ぎ、新鮮なうちに調理してくれる。人気の活イカ丼のほか、活イカのフルコースもある。

☎0778-37-2039 ⓳越前町梅浦62-27 ⓣ11～16時(14時以降要予約) ⓱水曜 ⓹北陸自動車道鯖江ICから約24km Ⓟ20台 ⓂⒶⓅP73A2

日本海が望める好立地。夕日や沖合に漁火が見える夜もおすすめ

⑤ 道の駅 越前
みちのえき えちぜん

景観抜群、観光情報も

地元の特産品などを扱うショップや地元グルメが味わえるレストランが人気。日本海を望む温泉施設があり、一日中楽しめる。観光案内所も併設。

☎0778-37-2360 ⓳越前町厨71-335-1 ⓣ⓱施設により異なる(要問合せ) ⓹北陸自動車道鯖江ICから約25km Ⓟ235台 ⓂⒶⓅP73A2

越前町の塩を使った5種のフレーバーソルト。手軽なボトルタイプで、さまざまな料理に使える。こびんの塩各306円

越前温泉の温泉水を配合したフェイスマスク1枚440円

越前町の5つの異なる泉質の温泉成分を再現した入浴剤。越前の湯5種類アソート1100円

越前温泉
5つの源泉

5つの源泉の一部は「越前温泉露天風呂 漁火」(厨温泉、☞P73)、「旅館はまゆう」(南部温泉、☞P83)、「ふるさとの宿こばせ」(玉川温泉、☞P83)、花みずき温泉や越前生糸温泉などで楽しめます。

⑥ 越前温泉露天風呂 漁火
えちぜんおんせんろてんぶろ いさりび

日本海の眺めに息をのむ絶景日帰り温泉

「道の駅 越前」の敷地内にある日帰り入浴施設。神経痛や疲労に効くという温泉は、眼下に雄大な日本海が広がる3種の絶景露天風呂が人気。貸切風呂(要予約)も用意。

☎0778-37-2360(道の駅 越前) ⓳越前町厨71-335-1 ¥入浴520円 ⓣ11～21時(受付は～20時20分) ⓱火曜(夏休み期間中は無休、11～3月は第2・4火曜) ⓹北陸自動車道鯖江ICから約25km Ⓟ172台 ⓂⒶⓅP73A2

越前海岸
0 2km N

日本海

福井市

越前町

若狭湾

剱神社には、持ち上げて軽く感じれば願いが叶うという「おもかる石」があります。願いを込めて持ち上げてみましょう。

めがねミュージアムで
鯖江のめがね作りを体感しましょう

100年以上の歴史を誇る鯖江のめがね。めがねミュージアムでは、めがね作り体験や、日本製めがねフレームが約3000本並ぶめがねShopで買い物も楽しめます。

めがねみゅーじあむ
めがねミュージアム

日本製ならではのかけ心地

国内めがねフレーム生産量の約9割を占める鯖江市。ミュージアムではショップでの購入をはじめ、歴史や職人技、デザインなど鯖江めがねの魅力を学ぶことができる。

☎0778-42-8311 🏠鯖江市新横江2-3-4めがね会館内 ¥入館無料 🅿10～19時(博物館は～17時) 🈺水曜(祝日の場合は開館) 🚃ハピラインふくい鯖江駅から徒歩10分 🅿50台 MAP P87

世界最高水準とされる国産めがねの聖地

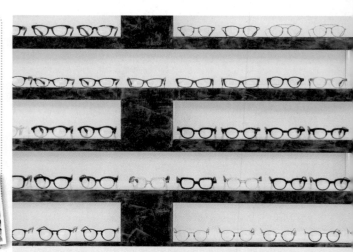

たいけんこうぼう
体験工房

めがねを知って体感しよう

めがねを実際に手作りできるめがね手作り教室(6日前までに要予約)とフェイスキーホルダーを作るめがねdeコラージュの2種の体験がある。

体験しました!

めがねでこらーじゅ
めがねdeコラージュ

めがね素材でフェイスキーホルダーを作ってみよう

所要時間40分～1時間 ¥2000円 🅿10時～、13時～、15時～(前日までの受付)

1️⃣めがねのセル生地で作られた顔のベースと髪形、めがねを組み合わせる
2️⃣工房で糸のこぎりを使ったフレーム作りを体験できる

こだわりのめがねを オーダーメイド

ジャパンメイドにこだわった、流行にとらわれず長く使い続けられるめがねが揃う「**田中眼鏡本舗 浪漫堂**」。世界で1本だけのめがねを職人に作ってもらえるオーダーメイドも受け付けている。☎0778-54-0044

MAP P87

■中国や日本の貴重なアンティークめがねの展示も ②著名人のオリジナルめがね、「有名人めがねコレクション」コーナーも興味深い

めがねはくぶつかん
めがね博物館

めがね作りの手しごとのルーツとスピリット

館内は100余年前の生産現場風景の展示コーナーや江戸時代〜昭和にかけてのめがねの形の変遷など6つのテーマに分かれて展示している。めがね大使で喜劇俳優の大村崑氏が集めた「有名人めがねコレクション」の展示もある。

めがねしょっぷ
めがねShop

最新モデルを3000本以上展示販売

福井県内の約50社の最新モデルを扱うアンテナショップ。産地ならではの豊富なラインナップと最高品質にこだわった職人の手仕事を体感できる。また、眼鏡士が常駐していることも魅力で、鯖江の匠がフルオーダーメイドで世界に一つだけのオリジナルめがねをつくってくれる。近年では結婚式でのめがねのプレゼント交換や誕生日など、贈り物としても人気。

定番から遊び心溢れるフレームまで色形ともに多彩

食事＆おみやげは ココで

週替わりのケーキが付くケーキセット800円（上）。正面入口を入ってすぐ右側の階段で2階へ（下）

みゅーじあむかふぇ
MUSEUM CAFE

市内のケーキ店から取り寄せるケーキとたちばな屋の自家焙煎コーヒーを。
🕐10時〜15時30分LO

さばえ すいーつ
Sabae Sweets

めがね型の堅パンなどの菓子のほか、めがねの加工技術を応用した雑貨も。
🕐10〜17時

めがね型の昆布が浮き上がる、うめがねこんぶ茶1袋195円（右）。めがね形のキャンディ、アメガネ540円（左）

📖 国産めがねフレームの95％が鯖江産です。イタリア、中国の各都市とともに世界三大めがね産地の一つに数えられます。

福井のものづくりの魅力を発信！
体験施設で伝統工芸に触れる

国の伝統的工芸品に指定されている「越前打刃物」や「越前和紙」。
越前には気軽に体験できる施設もあるので、旅の思い出にチャレンジしてみよう。

1 壁や床が鏡張りの空間にさまざまな包丁を展示 2 体験教室では本格的な包丁作りができる 3 材料をハンマーで鍛え打つ「火造り鍛造」を体験 4 ナイフショップでは刃物を購入することもできる

越前市

たけふないふびれっじ
タケフナイフビレッジ

伝統と斬新さを併せ持つ

約700年前に発祥し、日本古来の火づくり鍛造技術と手仕上げが特徴の越前打刃物。直売店では各種包丁・刃物、キッチン用品などを販売しており、工房では職人の製作風景を見学することができる。

☎0778-27-7120 住越前市余川町22-91 ¥見学自由 ⏰9～17時 休無休 交北陸自動車道武生ICから約6km P20台 MAP折込裏C4

体験DATA
開催 毎日 料金 所要 体験により異なる 予約 要

両刃包丁制作
2万円（約6時間）
材料を熱しハンマーで鍛造、焼入れ・研ぎ・名入れ・柄付けまで、ほぼ全ての工程を行う

キーホルダー制作
600円（約40分）
アルミの板を金づちで叩いて鎚目をつけたり、刻印を使い模様を付ける

ペーパーナイフ制作
1000円（約1時間）
銅板を金づちで叩き、ヤスリで削って好きな形に整形する

和紙の里を
訪れたあとは
紙の神様を祀る
神社へお参り

日本で唯一紙の神様を祀っている**岡太神社・大瀧神社**。創建は越前和紙の発祥と同じ1500年前で、「岡太神社」は、紙漉きの技を村人に伝えたとされる川上御前が祀られ、上宮（奥の院）には岡太・大瀧両神社の本殿が並んで立つ。
☎0778-42-1151 **MAP**折込裏C4

越前・鯖江 ● 体験施設で伝統工芸に触れる

越前市
えちぜんわしのさと
越前和紙の里

越前和紙を楽しめる複合施設

「卯立の工芸館」「紙の文化博物館」「パピルス館」からなる複合施設。古墳時代の頃から1500年もの間続く伝統的工芸品の越前和紙は、多彩さと品質の高さに定評がある。繊細な職人技を見たり、実際に紙漉き体験をしたり、直売店でおみやげを買うこともできる。
☎0778-42-1363 **住**越前市新在家町8-44 **Y・時**施設により異なる **休**火曜 **交**JR武生駅から車で20分 **P**60台 **MAP**折込裏C4

約230mの通りに3つの施設がある。カフェや食事処もある

越前和紙の里を楽しみましょう

卯立の工芸館
うだつのこうげいかん

江戸中期の家屋を移築復元した建物で、越前和紙が作られる一連の工程を見学できる。紙漉き体験では、昔ながらの道具、原料を用い、伝統工芸士の指導のもと、本格的な「流し漉き」に挑戦できる。
☎0778-43-7800 **住**越前市新在家9-21-2 **Y**入館300円（紙の文化博物館と共通）**時**9時30分～17時（入館は～16時30分、紙漉き見学は～16時）
MAP折込裏C4 **体験DATA** 開催毎日 料金1万1000円 所要約2時間 予約要

▲ 昔ながらの道具や原料を使い伝統工芸士の指導で体験

紙の文化博物館
かみのぶんかはくぶつかん

1500年の歴史を誇る越前和紙の発祥と人々の営みを学べる。新しい和紙使いの提案コーナーなどもある。
☎0778-42-0016 **住**越前市新在家町11-12 **Y**入館300円（卯立の工芸館と共通）**時**9時30分～17時（入館は～16時30分）
MAP折込裏C4

▲ さまざまな技法や模様の和紙を約360点展示

パピルス館
ぱぴるすかん

世界に一つだけの名刺やはがき、コースターなどがスタッフのサポートで20～40分ほどでできあがる。押し花や染料を使って自由な発想でチャレンジしよう。館内の越前和紙産地組合の直売店「和紙処 えちぜん」では、便箋やインテリア用品などを販売。
☎0778-42-1363 **住**越前市新在家町8-44 **Y**入館無料 **時**9～16時（和紙処 えちぜんは～16時30分）**MAP**折込裏C4
体験DATA
開催毎日 料金600円～ 所要約20分～
予約要（2日前まで）

▲ 越前和紙グッズを産地価格で販売している

📖 越前打刃物は薄く切れ味がいいことでも定評があり、一流シェフにも愛用者の多いステーキナイフが話題です。

ものづくりの町、越前・鯖江で暮らしを彩る素敵な逸品を

福井のものづくりの伝統が息づく鯖江・越前。
新ブランドも誕生し、現代のライフスタイルに合うアイテムも続々登場しています。

旅の贈り物にぴったりです

チューリップ珈琲カップ
1客9350円
越前漆器のカップ&ソーサー。鮮やかな赤色と質感が合う ▲

夫婦吸物椀（六瓢）
1組1万6500円
椀の内と外に6つの瓢箪を描いてある縁起のよい越前塗の椀 ▲

越前焼 小皿
各550円
平安時代末期から続く日用雑器。使うほどに馴染む Ⓑ

陶漆コレクション
時計回りに高台盃3080円〜、ぐい呑3300円、冷酒杯4400円
陶芸と漆芸のコラボレーション。シンプルな形状と漆のやわらかさがマッチ Ⓑ

「くるむ」シリーズ
1個4950円〜
漆とケヤキで温かみのある器。カジュアルに使え、重ねて収納できるのも◎ Ⓒ

鯖江市
うるしのさとかいかん
うるしの里会館 ▲

製造工程の説明展示や漆器購入のほか、体験などもある。職人紹介、工房見学の問合せも可能。
☎0778-65-2727 住鯖江市西袋町40-1-2 ⏰9〜17時 休第4木曜（祝日の場合は翌日）交ハピラインふくい鯖江駅から車で20分 Ｐ55台 MAP折込裏C3

越前町
えちぜんやきのやかた
越前焼の館 Ⓑ

越前陶芸村（☞P79）内。越前焼を代表する窯元の作品が手に入る。日常使いからもてなしの器まで幅広い。
☎0778-32-2199 住越前町小曽原5-33 ⏰10〜16時（土・日曜、祝日9〜17時）休無休 交ハピラインふくい武生駅から福鉄バス武生越前海岸線で30分、陶芸村口下車、徒歩10分 Ｐ250台 MAPP73A2

鯖江市
つちなおしっき
土直漆器 Ⓒ

越前漆器の伝統を継承し、現代のニーズに合わせた製品を販売。木地づくりを除く全工程を自社工房で行う。
☎0778-65-0509 住鯖江市西袋町214 ⏰10〜17時 休水曜、不定休 交北陸自動車道鯖江ICから約8km Ｐ5台 MAP折込裏C3

越前焼を
見て、ふれて、
体験できる
複合スポット

越前焼の魅力に触れられる**越前陶芸村**。福井県陶芸館では越前焼の展示販売や、電動ろくろや手ひねり体験などができる陶芸教室があり、隣りの越前古窯博物館ではお抹茶を楽しめる。
☎0778-32-2174(福井県陶芸館)
MAP P73A2

**めがね素材から
生まれたアクセサリー**
1個2090円〜
めがねを作る際に出る端材でできたピアス。繊細な透明感が素敵 E

**URUSHI
UMBRELLA
BOTTLE** 1個6050円〜
折り畳み傘をイメージした持ち歩きボトル。漆を施し、柄の種類も豊富 C

スマホスタンド
1個5500円
恐竜がスマホを支えてくれるのがかわいらしい福井店限定商品 D

縁起柄コースター 各1650円
越前箪笥の伝統技術を用いたコースター。木製のぬくもりと洗練されたデザインで日常に溶け込む E

カードケース
1個5720円〜
花梨や黒壇などの銘木を素材にスタイリッシュなデザイン。経年で美しい艶も出る D

RIN&CO.シリーズ
1個3300円〜
食洗機に耐えられる「越前硬漆」を利用した、普段遣いに適した漆塗りの器 F

鯖江市
はこあだいれくとすとあ ふくいてん
Hacoaダイレクトストア
福井店 D
越前漆器の木地作りで培ってきた技術力を持つ職人が手がける木製雑貨ブランド「Hacoa」の直営店。
☎0778-65-3303 住鯖江市西袋町503
🕐11〜18時 休水曜(祝日の場合は営業) 交北陸自動車道鯖江ICから約8km P13台
MAP折込裏C3

鯖江市
さば すとあ
SAVA! STORE E
デザイン性やストーリー性が高く、日常使いを楽しめるアイテムが豊富に揃うスーベニアショップ。
☎0778-25-0388 住鯖江市河和田町19-8 🕐12〜18時(土・日曜11時〜) 休火・水曜 交北陸自動車道鯖江ICから約8km P7台
MAP折込裏C3

鯖江市
しつりんどう
漆琳堂 F
230年余り越前漆器を継承し、大本山永平寺御用達の漆塗師屋でもある。RIN&CO.をはじめ現代の暮らしに合う商品を多数発信。
☎0778-65-0630 住鯖江市西袋町701
🕐10〜17時 休不定休 交北陸自動車道鯖江ICから約8km P5台 MAP折込裏C3

📖 "木のある暮らし"をテーマにHacoaではワークショップを開催しています。自分で作ったお気に入りを生活に取り入れましょう。

ものづくりが盛んな武生で
物語と出合うぶらり街さんぽ

伝統工芸で有名な武生は平安時代には紫式部が住み、
作家や画家も多く輩出しています。ゆかりのスポットを巡ってみましょう。

▲ エントランスではだるまちゃんやてんぐちゃんなど人気キャラクターがお出迎え

越前市 かこさとし ふるさと 絵本館「砳」

郷土の絵本作家の作品に親しむ

絵本作家・かこさとし氏が生まれた越前市にある絵本館。1階には代表作である『からすのパンやさん』シリーズの絵本をはじめ、国内外の人気作家の絵本も展示。2階には説明書きとともに、貴重な原画の複製画が並ぶ。

☎0778-21-2019 住越前市高瀬1-14-7 ¥入館無料 ⏰10〜18時 休火曜、祝日の翌平日 交ハピラインふくい武生駅から車で7分 P20台 MAP P81

▶図書館分館として使われていた重厚な建物

◀人気作『からすのパンやさん』の人形と写真が撮れるコーナーも

武生中央公園

絵本の世界観が現実になった公園

絵本作家・かこさとし氏の監修により形成された公園。「だるまちゃん広場」や「パピプペポー広場」、「コウノトリ広場」など絵本の世界が再現され、まるで物語の世界に入り込んだような気分に。

☎0778-42-7530 住越前市高瀬2-7-124 ¥入園自由 交ハピラインふくい武生駅から徒歩20分 P1000台 MAP P81
▶公園内には、大型の遊具も設置されている

光る君へ 越前 大河ドラマ館

期間限定！『光る君へ』の魅力を体感する特別展

紫式部が唯一、都を離れて暮らした越前ならではの展示。大河ドラマの舞台裏に迫る独自コンテンツも多数。2024年12月30日まで。主催：紫式部プロジェクト推進協議会

☎0778-22-5377 住越前市高瀬2-27-7-1 武生中央公園屋内催事場「しきぶきぶんミュージアム」内 ¥600円、子ども200円 ⏰9〜17時（最終入場16時30分）休期間中原則無休 交ハピラインふくい武生駅から徒歩20分 P武生中央公園駐車場を利用 MAP P81
▶衣装や小道具のほか、越前ならではの独自映像や特集パネルも展示

老舗が営む
寿司カフェに
注目

老舗の寿司店・大江戸の3代目女性オーナーが手がける斬新な寿司カフェ**O-edo+**では、創作寿司のWASARA＋和皿3950円などが味わえる。カフェも併設。
☎0778-42-6202 **MAP** 折込裏C4

◀絵本ライブラリーでは、多数の絵本を落ち着いた空間で読むことができる

◀ポストカードやマグカップなどのおみやげも充実

「ちひろのうまれたいえ」きねんかん
「ちひろの生まれた家」記念館
花と子どもの絵本画家・いわさきちひろ

日本を代表する絵本画家・いわさきちひろの生家。昭和47年（1972）ごろの東京のちひろのアトリエも再現、ギャラリーでは季節ごとに企画展を開催。別館にはちひろの絵本などが揃う絵本ライブラリーもある。

☎0778-66-7112 住越前市天王町4-14 ¥入館300円 ⏰10〜16時 休火曜（祝日の場合は翌日）交ハピラインふくい武生駅から徒歩10分 P11台 **MAP** P81

◀約3000坪ある寝殿造庭園

▲凜と立つ紫式部像が見ているのは、歌にも詠まれた美しい日野山の稜線

むらさきしきぶこうえん
紫式部公園
金色に輝く紫式部像

越前国国司の父と武生に滞在した『源氏物語』作者の紫式部。その歴史にちなみつくられた公園。隣接する資料館も要チェック。

☎0778-22-3012（越前市都市計画課）住越前市東千福町369 ¥⏰休入園自由 交北陸自動車道武生ICから6km P約60台 **MAP** P81

武生

福井の冬の味覚の王様
越前がにをフルコースで堪能

毎年11～3月は越前がにの解禁シーズンでこの期間を楽しみに福井を訪れる人もいます。
福井の冬の期間限定の味覚・越前がにをフルコースで味わい尽くしてみませんか。

越前がにって
どんなかに？

全国で唯一の皇室献上がに

越前がには福井県沖で水揚げされるオスのズワイガニの呼び名で、水揚げされる港により山陰地方では「松葉ガニ」、石川県では「加能ガニ」とブランド名がつけられています。水揚げされるのは越前漁港を筆頭に三国港・敦賀港・小浜港の指定漁港4カ所のみです。一方メスのズワイガニは「せいこがに」とよばれ、「内子」「外子」とよばれる卵がたっぷり入っているのが特徴です。

食べる

絶景も楽しめる全10品大満足コース

越前 雲海 (えちぜん うんかい)

目の前に広がる日本海の眺めと、通年で楽しめるカニ料理が人気の食事処。カニの本格的なシーズンである11～3月は、活ガニを使ったプランが充実。

☎0776-86-1221 住福井市北菅生町15-10 ⏰9～17時（変動あり。予約にて夜も営業の場合あり）休不定休 交北陸自動車道福井北ICから約29km P60台 MAP折込裏B2

▲海と山の恵みを感じる、越前海岸沿いに立つ

カニのフルコース1万6500円～

活ガニ 11～3月、冷凍 通年

甘エビをはじめ、地元の海鮮も一緒に味わえるコース。冷凍ガニ使用の場合は1万2000円～（要予約）

越前がにや
日本海の魚を
遊んで学ぶ

越前がにミュージアムでは、越前がにや近海の魚について、体験しながら学べます。かに漁船を再現したシミュレーターが人気で、360度全画面投影された映像が臨場感たっぷり。
☎0778-37-2626 **MAP** P73A2

泊まる

素材本来の味を生かした料理が人気

りょかんはまゆう しょうせきあん
旅館はまゆう 松石庵

展望大浴場や、家族連れにやさしいサービスが魅力の和風温泉宿の食事処。宿はロビーを含め館内の床がすべて畳敷きで、入った瞬間からくつろげる。

☎0778-39-1230 住越前町茂原5-40-1 ¥1泊2食付き4万1800円〜 ❶IN15時30分、OUT10時 ❷北陸自動車道鯖江ICから約26km P周辺駐車場利用 ●全19室 **MAP** 折込裏A4

越前がにフルコース
1泊2食付 4万7300円〜
期間 11月7日〜3月31日
越前がにを味わい尽くせるコース。焼きガニやカニみそ甲羅焼きなど、お好みの食べ方を見つけて

▶うま味がしっかり詰まったカニみそのコクを堪能できるカニみそ甲羅焼き

▲広々とした部屋から日本海を一望できる

食べる・泊まる

すてきな夕日に出合える文豪の宿

ふるさとのやど こばせ
ふるさとの宿 こばせ

明治3年(1870)に塩湯治旅籠として開業した老舗旅館。大浴場からは夕日が沈む絶景を望める。文人墨客が愛した宿でもあり、なかでも作家・開高健氏からは多くの言葉が贈られ、宿の入口と廊下の一角のギャラリーで作品を鑑賞できる。

☎0778-37-0018 住越前町梅浦58-8 ❶IN15時、OUT10時 ❷北陸自動車道敦賀ICから約38km P周辺駐車場利用 ●全12室 **MAP** P73A2

▲海が目の前に広がる

お昼のかにコース
1万3500円〜(開高丼別)
期間 11月7日〜3月31日
オリジナルのカニ料理を楽しめる。宿泊の夕食コースは追加料金無しで開高丼付き。いずれも1月以降はかに雑炊が付く。※料金変更の可能性あり

開高丼 2〜4人前
福井のブランド米2合とせいこが
に7杯を使う丼。名前の由来は作家の開高健氏。11〜12月限定

📖 越前がにと比べるとせいこがにの方が小さいので少しお安めですが、開禁期間は約2カ月と短いので要注意です。

県民のソウルフード
ピリッとおいしい越前おろしそば

香り高いそばと、ピリリとした辛みでふんわりとした舌ざわりの大根おろしが相性抜群。
各店こだわりのツユや打ち方があるので、食べ比べてみるのもおすすめです。

おろしそば 800円
そば粉10に対してつなぎ1
の十一のそば。色艶もよくの
ど越しなめらか

越前おろしそば

ちょっと深めの皿に、玄そばを使って打つ二八そばを
盛り、その上にカツオ節とネギ、ピリリと辛い大根おろ
しをたっぷり添える越前おろしそば。このスタイルに
なったのは戦国時代の1600年ごろといわれている。

武生
おしょうずあん
御清水庵

大野や勝山など福井県産のそば粉
を使い、店の裏手に湧く御清水不動
尊の湧水で打つ手打ちそば。その日
の朝に手打ちし、滑らかでのど越しよ
く風味豊かな中太の「外一そば」を
使用している。温かいそばも人気。

☎0778-21-5088 住越前市吾妻町3-33
🕐11～17時※そばがなくなり次第終了 休
月曜(祝日の場合は翌日) 🚃ハピラインふくい
武生駅から徒歩3分 Ｐ8台 MAPP81

▼旧武生エリアの古い街並み
になじむレトロな外観が目印

▲ほんのり甘いきびだんごを
食後のサービスで味わえる

自分でそばを打てる
体験施設をチェック！

越前そばの里は自家栽培のそば農場をもつ武生製麺の直営店。手打ちそば体験ができる道場では、スタッフが丁寧に指導してくれ、その場で味わうことができます。体験は1人2200円、9時30分～16時、所要90分（要事前予約）。
☎0778-21-0272 **MAP**折込裏C4

越前・鯖江 ● ピリッとおいしい越前おろしそば

越前市
もりろく
森六

創業150年を超える老舗そば屋。福井県産のそばの実を皮と一緒に挽いた挽きぐるみのそば粉に、つなぎの中力粉を合わせた二八そばは、コシが強く食べごたえあり。パンチのある大根おろしと地元産の醤油でシンプルに味わおう。

☎0778-42-0216 **住**越前市粟田部町26-20 **時**11～14時（土・日曜、祝日は～15時）※売り切れ次第閉店 **休**月曜、第3火曜（祝日の場合は翌日） **交**北陸自動車道武生ICから約5km **P**13台 **MAP**折込裏C4

▶古民家風の作りで坪庭も風情豊か。座敷とテーブル席あり

越前おろしそば（並盛り）
680円
そば粉・かつお節は福井県産、大根は自家栽培や地元産、岐阜の農家直送のものを使用

武生
えちぜんそばとこーひー はまあん
越前そばと珈琲 HAMA庵

カフェのような居心地のよい空間でくつろげるそば店。香り高くコシのある十割そばを目当てに、連日常連客や観光客で賑わう。福井県産そば粉を独自配合し、カツオ節やサバ節、昆布などでとる濃厚なだしも味の決め手。

☎0778-42-8026 **住**越前市村国2-5-52 **時**11～17時（ランチは～16時LO）**休**火曜（祝日の場合は営業）**交**ハピラインふくい武生駅から福鉄バス和紙の里行きで7分、武生高校前下車、徒歩2分 **P**20台 **MAP**折込裏C4

"極"十割そば **1408円**
工房で打つ本格十割そば。ゴマくるみダレと特製そばツユの2種類のツユで味わえる

おろしそば 塩だし
800円
珍しい塩だしそばは目からうろこの味わいで必食

今立
そばどころ いっぷく
そば処 一福

塩、醤油、生醤油で作った3タイプのツユがある。なかでも塩だしは、先代が10年かけて納得のいく味に仕立てたもの。まろやかなコクが特徴で、地元産のそばと大根、天然のわさびとよく合う。

☎0778-44-6121 **住**池田町稲荷34-24-1 **時**11～15時 **休**火曜（祝日の場合は翌日）**交**ハピラインふくい武生駅から車で40分 **P**15台 **MAP**折込裏D4

📖 昭和22年（1947）に昭和天皇が福井県でおろしそばを召し上がられ、後年「あの越前のそば」と懐かしんだことから「越前そば」になったそう。

実は名店が多い穴場スポット
鯖江の絶品グルメをいただきます

鯖江観光のあとは、地元で愛されるグルメスポットへ立ち寄ろう。
しっかり食べたいときは極上米と十割そば。テイクアウトで食べ歩きも楽しみです。

鯖江市
かまめしせんもんてん かまくら
釜めし専門店 釜蔵
職人技で炊く絶品釜めし

県内産コシヒカリや近港に水
揚げされた魚介、若狭牛など
を使った釜めしが魅力。福井な
らではの焼きさば釜めし1580
円やへしこ釜めし1580円な
ど、注文ごとに職人が丁寧に炊
き上げる。
☎0778-52-2846 住鯖江市柳町
4-521 ⏰11〜14時、17〜21時LO
(土・日曜、祝日は11〜15時、17〜21時)
休木曜 交ハピラインふくい鯖江駅から
徒歩15分 P40台、第二駐車場40台
MAP P87

若狭牛ごぼう釜めし
1980円
やわらかい肉質が特徴の
若狭牛を使用

かき揚げおろし **1980円**
名物のかき揚げと越前おろし
そばのセット。そばはまず別添
えの塩で食べてみて

鯖江市
かめぞう
亀蔵
分厚いかき揚げと十割そば

丸岡町産のそば粉を使って毎朝打つ十割
そばと、ビックサイズのかき揚げが評判の
そばの名店。かき揚げは大きさのわりに軽
い食感でペロリといけるが、2人でシェアし
ても。日本酒の品揃えも豊富なので併せて
楽しみたい。
☎0778-42-8199 住鯖江市東鯖江1-1-3 ⏰11時
〜14時30分LO(土・日曜、祝日11時〜14時30分LO、
18〜21時LO)※昼夜とも蕎麦がなくなり次第終了 休
火曜(祝日を除く) 交ハピラ
インふくい鯖江駅から徒歩
10分 P9台 MAP P87

▶混雑時は店頭で電話番
号を登録すれば、順番にな
るころに呼んでもらえる

鯖江のめがねと
老舗パン屋の
キュートなコラボ

日本で最も硬いパンともいわれる
「ヨーロッパン キムラヤ」の「軍隊
堅麵麭」を、めがねの形のパンに
した「眼鏡 堅麵麭」216円。福井駅
前のハピリン(☞P35)限定商品。

越前・鯖江 ● 鯖江の絶品グルメをいただきます

鯖江市
よーろっぱん きむらや

ヨーロッパン・キムラヤ

地元で愛され続ける老舗パン店

昭和2年(1927)創業の東京銀座木村屋総本店の流
れをくむベーカリー。1970年代から欧風の珍しいパン
を販売するハイカラな店として評判。大福餅をブリオッシ
ュで包み焼き上げた大福あんぱん280円は、お取り寄
せランキング全国1位になった人気商品。

☎0778-51-0502 值鯖江市旭町2-
3-20 ⏰9時30分～18時 休日曜、祝日
🚃ハピラインふくい鯖江駅から徒歩5分
🅿7台 MAP P87

軍隊堅麵麭 500円
戦時中に軍隊用に製造した堅
パンを今でも販売

鯖江市
みーとあんどでりかささき

ミート&デリカささき

食べ歩きできる「ソースカツ丼」

昭和23年(1948)創業の肉と惣菜の店。ソ
ースカツ丼を持ち歩き可能なスタイルで提供
したいという思いから誕生したサバエドッグ、
多いときには1日で1500本も売れる。ほかに
も豚むすび345円(テイクアウト)といった、
ワンハンドグルメの超人気店。

☎0778-52-4129 值鯖江市本町3-1-5
⏰10～19時 休日曜 🚃福井鉄道西鯖江駅から
徒歩6分 🅿2台
MAP P87

サバエドッグ 350円
薄くスライスした国産の豚ロ
ースを、ご飯に巻いて揚げた
もの。街歩きのお供にぴったり

鯖江市
すろーべりぃ

Sloeberry

フルーツのみずみずしさを
口いっぱいに

フルーツがたっぷり入ったフレッシュ
ケーキが人気。旬のフルーツを使った
限定ケーキも見逃せない。

☎0778-25-0141 值鯖江市水落町2-28-
25 ⏰10時～18時30分(カフェ11～17時LO)
休水曜 🚃福井鉄道 水落 駅から徒歩8分
🅿27台 MAP 折込裏C3

ぎっしりフルーツロール
1個 570円
季節の5種類のフルーツをふん
だんに使ったロールケーキ。生
クリームは甘さ控えめ

📖 ミート&デリカささきの梅々～豚むすび345円は、米も豚肉も梅干しも全部福井県産です。

旅の途中でどこか懐かしい
古民家カフェでひと休みしましょう

古い建物には人を惹き寄せる魅力があります。カフェや食事処、
おいしいグルメや名所めぐりを堪能したら、店主の温かな思いが伝わる古民家カフェでほっとひと息。

▲縁側や鴨居が往時の様子を伝える。風通しのいい客間でカフェタイム

かふぇあんどげすとはうす ここらから
Cafe&Guesthouse ココラカラ

栄養満点ランチとパフェ

心と体を満たしてくれるヴィーガン料理を地元でとれ
た新鮮な野菜を使って提供してくれる。ランチプレート
もデザートも、色合いが美しい盛り付けが特徴で目で
も舌でも楽しめる。

☎なし 住池田町板垣52-6 ⏰11〜16時 休月〜水・土・日曜(土・日
曜は営業の場合あり) 交ハピラインふくい武生駅から福鉄バス池田
線で57分、荒谷下車、徒歩8分 P6台 MAP折込裏D4

季節のランチプレート
1450円。ランチは前
日12時までに要予約

桃のヴィーガンパフェ
1280円(季節限定)。
アイスもヴィーガン仕様

▶築60年の古民家
を友人たちと一緒
に改修。山々と田ん
ぼが望める場所に
立つ。週末はゲスト
ハウスに

はやしこーひー
884 HAYASHI 珈琲

スコーンと和スイーツがある蔵カフェ

20棟ほどの白壁の蔵が立ち並ぶ通称「蔵
の辻」とよばれるおしゃれな一角にあるカ
フェ。生地にチョコ、ミックスナッツ、栗など
を混ぜて焼きあげたスコーンや大福、福井
名物の水ようかんなどとともに、3種類の
豆をブレンドしたコーヒーといただこう。

☎0778-22-8804 住越前市蓬莱町3-23 ⏰10
時〜18時30分 休木曜 交ハピラインふくい武生駅
から徒歩7分 P2台 MAP P81

▲懐かしい駄菓子や器、洋服などオ
ーナーセレクトの小物が並ぶ

◀周辺には蔵をリノ
ベした日本料理店、
バー、居酒屋なども

スコーン1個495円(左)
カフェオレ大福セット
770円(右)

貸切の研究室で穏やか時間

Cafe&Guedthouse ココラカラには、「小さな研究室」が。店主の大学時代の恩師が研究室の蔵書を送ってくれたことからできた一室で、カフェが休業する冬季に限定のカフェとして営業する。※要予約

南越前町
かんみどころ てまり
甘味処 てまり

宿場町の白玉専門店

厳選した白玉粉に豆腐を混ぜ合わせひとつひとつ丁寧に仕上げる、店名通りコロコロと"てまり"のような愛らしい白玉はもちもちで白玉好きにはたまらない。餡は北海道産の無農薬小豆を使い、黒蜜もすべて自家製。

☎0778-45-1112 住南越前町今庄76-31 ⏰11〜17時 休月・火曜 交ハピラインふくい今庄駅から徒歩4分 P10台 MAP折込表E4

◀▼築100年の古民家を改装した、歴史を感じられるたたずまい。ガラガラと心地よい音を立てて格子戸を開け店内へ

味好み1000円(上)
パフェ700円(右下)

▲こまり箱800円(左)は持ち帰りもOK。前日までの予約限定でより大きいてまり箱2000円も(右)

越前町
むにかふぇ
municafe

スコップで食べる鉢スイーツ

植木鉢に入ったスイーツをスコップ型のスプーンで食べる「鉢でティラミス」が看板メニュー。スイーツに付く猫のクッキーのしかめっ面もかわいいと話題。地元の無農薬野菜を中心とした「muniランチ」1600円と一緒に。

☎0778-67-0766 住越前町蝉口3-19 ⏰10時〜15時30分LO 休金曜(土曜不定休) 交福井鉄道神明駅から福鉄バスで20分、蝉口下車、徒歩1分 P7台 MAP折込裏B3

▼古民家をリノベーションして建てられたカフェとなっている

◀店内は越前和紙や古箪笥が設えてありシックな雰囲気

プリンアラモード850円(左上)、鉢でティラミス680円(右)

📖 municafeのオーナーである福多さんはハンドメイド作家。店内のレンタルスペースではマルシェなどイベントが頻繁に行われています。

ただの休憩スポットじゃない！
2023年 NEW OPENの道の駅

北陸新幹線延伸に伴い、道の駅も続々とオープン。
駅隣接の道の駅や地域の交流拠点など、旅で訪れたい道の駅をピックアップしました。

武生

みちのえき えちぜんたけふ
道の駅 越前たけふ

北陸新幹線の新駅に隣接

2023年3月オープン。地元の鮮魚店が運営しているだけあり、毎週日曜日のマグロの解体ショーや越前がにの季節には連日買物客で賑わう地域のランドマーク。カキ小屋や手ぶらでBBQもあり、イベントも盛りだくさん。

☎0778-43-5661 住越前市大屋町38−5−1 営施設により異なる 休第2水曜（祝日の場合は翌日）交北陸道武生ICから約1km、JR越前たけふ駅隣接 P138台 MAP折込裏C4

▶そばの実が香ばしいそばソフトクリーム300円

▶いちごワッフル380円、羽二重餅入りどら焼き300円

▲日本で最後までコウノトリが生息していたことから屋根は翼を広げたイメージ

▲市内で生産された瓦を使った屋根と木目調の和風建築が美しい

あわら温泉

みちのえき れんにょのさとあわら
道の駅 蓮如の里あわら

あわら市で初の道の駅に大注目

浄土真宗の僧・蓮如上人にゆかりのあるあわら市・吉崎地区に2023年4月にオープン。農産物直売所や、名物のおろしそばやスイーツが味わえるレストランを備える。レンタサイクルの貸し出しも行っており、シャワーブースも完備している。

☎0776-65-2453 住あわら市吉崎1-801 営9〜18時（12月〜3月は9〜17時）※施設により異なる 休12月〜3月の火曜 交北陸自動車道加賀ICから約4km P119台 MAP折込裏C1

▶酒まんじゅう4個入り600円

▲この地に伝わる「嫁脅しの面」がモチーフの鬼面オムライス1000円

美浜

みちのえき わかさみはまびより
道の駅 若狭美浜はまびより

買い物、食、観光プラスαの道の駅誕生

JR美浜駅の目の前に2023年6月開業。美浜町の名産を多彩な料理で楽しめる。駅チカなこともあり、道の駅では珍しく地酒を楽しめるバーもある。また、物販や撮影、ダンスなどで利用できるスタジオも備える。

☎0770-47-5850 住美浜町松原35-15-1 営9〜20時※店舗により異なる 休木曜（祝日の場合は翌日）交舞鶴若狭道若狭美浜ICから約5km、JR美浜駅からすぐ P108台 MAP折込表D5

▶穴子のセイロ重2750円

▲美浜HAMAベリー苺のコンポートとホイップクリームのパンケーキ1540円

▲コワーキング＆イベントスペースを備え、地域の交流拠点でもある

「嶺南」とよばれる敦賀・三方五湖・小浜で
風光明媚な絶景と若狭湾の恵みを堪能

福井県の中心、敦賀・三方五湖・小浜周辺の嶺南エリアの
港町、敦賀で新鮮な魚介料理をいただいたり、レトロな街を散策したり
京都とつながる若狭鯖街道の起点・小浜では、サバグルメを堪能しましょう。
若狭湾を望む三方五湖レインボーラインで爽快ドライブも満喫。

これしよう！
日本海さかな街で
敦賀の美味三昧
海鮮以外にも敦賀の名産
品が揃う味のテーマパー
クを堪能（☞P96）！

これしよう！
奇岩・蘇洞門を
遊覧船から眺める
若狭フィッシャーマンズ・
ワーフで絶景クルージング
（☞P103）を楽しもう。

これしよう！
敦賀赤レンガ倉庫の
レストラン館でランチ
港町・敦賀のランドマーク
的存在。飲食店が3タイプ
揃う。（☞P95）

湖畔ドライブ＆レトロスポット探訪

敦賀・三方五湖・
小浜

つるが・みかたごこ・おばま

敦賀・三方五湖・
小浜は
ココにあります！

日本海
福井
敦賀
三方五湖・
小浜
敦賀
越美北線
北陸新幹線
小浜線
若狭
湖西線
北陸本線

こんなところ

風情あふれる港町・敦賀は国際港として県
内でもいち早く近代化が進んだ街。明治期
の近代建築が残りノスタルジックな雰囲気。
少し足を延ばして三方五湖、京都へと続く鯖
街道のスタート地点・小浜も巡ってみよう。

a c c e s s

●大阪駅から小浜駅へ
新快速（湖西線経由）で80
分、近江今津駅から西日本
JRバスで60分で小浜駅に
到着。

●大阪駅から敦賀駅へ
特急サンダーバードで80分、
新快速（湖西線経由）で120
分です。

問合せ
☎0570-00-2486
JR西日本（お客様センター）

～敦賀・三方五湖・小浜 はやわかりMAP～

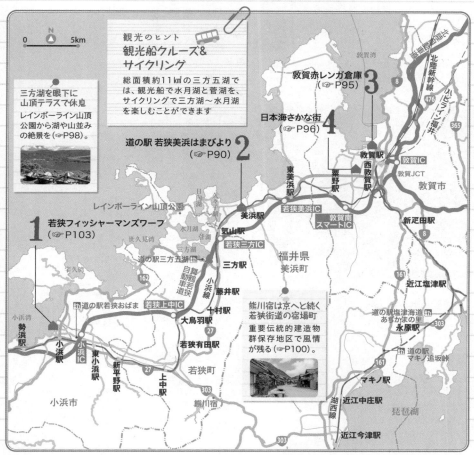

観光のヒント
観光船クルーズ&サイクリング
総面積約11㎢の三方五湖では、観光船で水月湖と菅湖を、サイクリングで三方湖〜水月湖を楽しむことができます

三方湖を眼下に山頂テラスで休憩
レインボーライン山頂公園から湖や山並みの絶景を（☞P98）。

道の駅 若狭美浜はまびより
（☞P90）**2**

敦賀赤レンガ倉庫
（☞P95）**3**

日本海さかな街
（☞P96）**4**

1 若狭フィッシャーマンズワーフ
（☞P103）

熊川宿は京へと続く若狭街道の宿場町
重要伝統的建造物群保存地区で風情が残る（☞P100）。

敦賀・三方五湖・小浜

おすすめコースは
6時間

小浜湾に面した城下町をスタート。若狭の海鮮グルメや、歴史探訪が楽しめるコース。遊覧船で湾内を巡り、地元の旬な新鮮魚介を道の駅や市場で購入。港町の散策もおすすめ。

スタート	1	2	3	4	ゴール
小浜駅	見学	買う	見学	買う	敦賀駅
	▶ 車で3分 若狭フィッシャーマンズ・ワーフ	▶ 車で30分 道の駅 若狭美浜はまびより	▶ 車で26分 敦賀赤レンガ倉庫	▶ 車で12分 日本海さかな街	▶ 車で9分

ノスタルジックな街並み レトロな港町・敦賀をおさんぽ

大陸からの玄関口として、いち早く近代化が進んだ敦賀。
神社仏閣や町家、近代建築がコンパクトなエリアに点在！気軽に町歩きを楽しめます。

1 10:00 スタート！

けひじんぐう
氣比神宮

壮麗な鳥居をもつ総鎮守にお参り

2000年以上の歴史があり、本殿に伊奢沙別命（いざさわけのみこと）をはじめ7柱を祀る古社。「けいさん」の愛称で親しまれ、無病息災、交通安全など生活全般のご利益があると伝わる。

☎0770-22-0794 住敦賀市曙町11-68 ¥⊕休
拝観自由（授与所は8時45分～16時45分）交バス
停氣比神宮からすぐ P50台 MAP折込裏F6

赤い大鳥居は日本三大木造鳥居の一つで国の重要文化財に指定されている

昭和の大造営で再建された現在の外拝殿

2 10:40 徒歩 9分

つるがはくぶつかんどおり
敦賀博物館通り

**石畳&町家が趣深い
レトロな通りを楽しむ**

敦賀市立博物館の前を通る石畳のノスタルジックな路地。明治から戦前にかけて銀行や郵便局、百貨店などが立ち並び賑わっていたそう。現在は町家を改装したカフェや雑貨店、資料館などが並ぶ。

☎0770-20-0015（港都つるが株式会社）住敦賀市相生町 ¥⊕休散策自由 交バス停博物館通りから徒歩3分
P20台 MAP折込裏E6

近年整備された石畳は自転車でも走りやすい

3 11:20 徒歩 3分

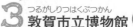

つるがしりつはくぶつかん
敦賀市立博物館

**歴史文化を伝える
重厚な洋風建築を鑑賞**

3年に及ぶ復元工事で、銀行時代の姿を取り戻した

昭和2年（1927）に建てられた旧大和田銀行本店の建物を活用した博物館。港の趨勢とともに歩んだ敦賀の歴史を語る資料を展示。所蔵の美術品の展示もしている。

☎0770-25-7033 住敦賀市相生町7-8 ¥入館300円（高校生以下無料）⊕9～17時（最終入館16時30分）休月曜（祝日の場合は翌日）交バス停博物館通りからすぐ P20台 MAP折込裏E6

建築家・永瀬狂三氏と吉田克氏による設計

徒歩 5分

ソースカツ丼990円は、ソースとご飯の相性抜群

国内でも珍しい 公設書店「ちえなみき」

複合施設「otta」には、公設書店「ちえなみき」が。本を通じて「知」「人」「地域」がつながる交流拠点。
☎0770-47-5133(中道源蔵茶舗 ちえなみき店)
MAP 折込裏F8

釣鐘形の窓が印象的

12:00

つるがよーろっぱけん ほんてん

敦賀ヨーロッパ軒 本店

元祖の味を提供する ソースカツ丼が名物

徒歩14分

福井市に総本店を構えるヨーロッパ軒 総本店（☞P24)からのれん分けされた店。あっさりと仕上げられたカツが3枚ものソースカツ丼のほか、ミンチカツをのせたパリ丼990円も人気。

☎0770-22-1468 住敦賀市相生町2-7 ⏰11時～13時40分LO、16時30分～19時40分LO 休月・火曜 交バス停博物館通りから徒歩3分 Pあり 40台 **MAP** 折込裏F6

13:00

麦芽100%のオリジナル地ビールも大好評(全3種類)

つるがあかれんがそうこ

敦賀赤レンガ倉庫

ノスタルジーを感じる 敦賀の名所で記念撮影を

明治38年（1905)に建てられた県内有数のレンガ建造物。北棟は明治後期から昭和初期の街並みを再現した「ノスタルジオラマ」を展示するジオラマ館がある。

☎0770-47-6612（赤レンガ倉庫事務所) 住敦賀市金ケ崎町4-1 ¥ジオラマ館400円 ⏰ジオラマ館は9時30分～17時30分(最終入館17時)※レストランは各店舗により異なる 休水曜（祝日の場合は翌日) 交JR敦賀駅からぐるっと敦賀周遊バスで11分、赤レンガ倉庫下車すぐ Pあり **MAP** 折込裏F5

外国人技師の設計で建てられたレトロな倉庫

ゴール!

14:30

徒歩23分

かふぇちゃや かむ

カフェ茶屋 珈夢

侘び寂びを感じる趣ある空間

築約100年の古民家を改装したレトロな雰囲気。コーヒー、紅茶、抹茶のゼリーはどれも口当たりなめらか。豊富な創作和菓子やオリジナルドリンクも楽しめる人気店。

☎0770-21-0500 住敦賀市 舞崎町2-10-20 ⏰13時～17時30分（変更の場合あり) 休不定休 交JR敦賀駅から徒歩10分 P12台 **MAP** 折込裏G7 ※支払い現金のみ

手入れが行き届いた風情ある庭。夏季限定メニューでかき氷もある

♪ こちらもチェック

つるがえきこうりゅうしせつおるぱーくない つるがしぇあさいくるじむきょく

敦賀駅交流施設オルパーク内 つるがシェア サイクル事務局

敦賀駅をはじめ、敦賀市内に設置されたサイクルポートのどこからでも借りられ、返却可能。電動アシスト自転車なのでラクラク散策できるのがうれしい。

☎0770-20-0689 住敦賀市鉄輪町1-1-19 敦賀駅交流施設オルパーク内 ¥60分220円、以降30分110円、1日パスは1650円 ⏰5～24時（窓口8～19時) 休無休 交JR敦賀駅直結 **MAP** 折込裏F8

※サイクリングの際は、乗車用ヘルメットを持参・着用しましょう

敦賀・三方五湖・小浜 ● レトロな港町・敦賀をおさんぽ

海鮮丼からB級グルメまで 敦賀の味覚をいただきます

敦賀湾に面し冬でも穏やかな気候の敦賀は食文化が豊かで多彩。
JR敦賀駅を起点に徒歩やバスでアクセスできるのでおいしいもの巡りを楽しみましょう。

威勢のよい売り子の掛け声にテンションが上がる場内

にほんかいさかなまち
日本海さかな街

日本海側最大級の巨大市場

館内にはカニや甘エビなど人気の海産物をはじめ、珍味・銘菓・地酒などのみやげ物店と海鮮丼や寿司などの飲食店が、合わせて約50店舗軒を連ねる。人気の「はしごめし」は2024年3月に「新はしごめし」にバージョンアップ。専用チケット2000円（10枚綴り）を、参加店が提供する商品と交換し、また自分だけのオリジナル丼を作ることができる「福ふく丼」が楽しめる。

☎0770-24-3800 (住)敦賀市若葉町1-1531 ⏰10～18時（12月31日のみ～17時）(休)不定休（休日はHPに掲載）🚌バス停日本海さかな街からすぐ Ⓟ400台 MAP折込表D5

リーズナブルに新鮮魚介が味わえる
かいせんかにどころ こうらてい さかなまちてん
海鮮かに処 甲羅亭 さかな街店

新鮮な魚介をふんだんに盛り込んだボリューム満点の海鮮丼専門店。20種類以上のメニューがあり、好きなネタをプラスでき、ご飯大盛り無料のサービスも。2024年7月リニューアルオープン予定。☎0770-47-5978 ⏰9時30分～17時30分LO (休)施設に準ずる

うに・いくら・ねぎとろ丼 2800円
ウニ、イクラ、ネギトロという海鮮丼の三大人気ネタがたっぷり

ひろし丼 1900円
マグロやサーモンなど9種の魚介をトッピングした名物丼

炭火焼きサバでご飯が止まらない
はまやきやすべえ
はまやき安兵衛

敦賀名物「焼鯖」の専門店。下焼きしたサバを店頭の炭火でじっくり焼き上げる。焼鯖1本1200円～、ご飯とセットの焼鯖定食1400円が人気。☎0770-21-3800 ⏰10～18時（17時30分LO）(休)施設に準ずる

焼鯖定食 1400円
焼きサバ一尾とご飯、味噌汁のセット。脂ののったサバのうま味にご飯がすすむ

海老×鯛潮らーめん 1100円
鯛のうま味に干しエビやエビオイルをプラス。濃厚な味わいに

海鮮が生きる創作ラーメン
しー おぶ じゃぱん いろは
Sea of JAPAN 彩波

敦賀のブランド魚「敦賀真鯛」を生かした創作ラーメンが名物。「敦賀真鯛」のだしが利いたスープに、コシの強い全粒粉の麺が好相性。☎なし ⏰10～18時（麺類は17時LO。スープがなくなり次第終了）(休)不定休

海老ソフトクリーム 600円
アイスクリームの上にトッピングした干しエビのサクサク感がアクセントに

名店の味をお家でも
GalaxyRamen

「中華そば 一力」の味がそのままインスタントパックに。敦賀市は漫画家・松本零士氏の『銀河鉄道999』を活用した街づくりを行なっていて、コチラの商品にもイラストが描かれている。メーテルと鉄郎が持っているドンブリは一力のもの。「中華そば 一力」の公式サイトから購入できる。

敦賀・三方五湖・小浜 ● 敦賀の味覚をいただきます

中華そば 950円
創業以来の定番商品。醤油ベースの豚骨と鶏ガラスープはあっさりながらコク深く最後の一滴まで美味

ワンタン麺 1200円
あんの豚肉はチャーシューと同じ。ツルッといくつでも食べられそう

ちゅうかそば いちりき
中華そば 一力

敦賀に行ったら外せない店

屋台から始まり約70年の歴史をもつ、敦賀ラーメンの先駆け。厳選した素材で丹念に作られるスープは、濃厚に見えて後味さっぱりのやさしい味。「ミシュランガイド北陸2021特別版」でミシュランプレートに選ばれた名店。

☎0770-22-5368 🏠
敦賀市中央町1-13-21
🕐11〜19時※麺がなくなり次第終了 🈺月・火曜
🚉JR敦賀駅から徒歩20分 🅿22台 MAP折込表D5
▶これぞ町中華のたたずまい。15時ごろまで行列ができる日も多い

敦賀ラーメンって?
約70年前に敦賀駅前の屋台から始まった敦賀ラーメン。豚骨×鶏ガラの醤油スープが基本で、具や麺は店によってさまざま。

そにょーぽり
Sogno-poli

敦賀赤レンガ倉庫でイタリアン

110年の時を刻む赤れんが倉庫内にある食事処の一つ。地元敦賀をはじめ県内外の新鮮な魚介、若狭牛や福井ポークなど県産の食材、欧州各地から届く高級食材で料理を提供。テイクアウトメニューもある。

☎0770-47-6707 🏠敦賀市金ケ崎4-1
🕐11時30分〜14時LO、18〜22時LO 🈺水曜
🚉JR敦賀駅からぐるっと敦賀周遊バスで11分、赤レンガ倉庫下車すぐ 🅿あり MAP折込裏F5

デザートはこちら!

✧ **パスタランチ** ✧
コース 1900円〜
3種類から選べる本日のパスタ&リゾットランチ1900円〜。スープ、パン、ドリンク、季節のデザートが付く。

◀ 天気のよい日は10席あるオープンテラスでのランチがおすすめ

📖 敦賀のシンボル「敦賀赤レンガ倉庫」に隣接するオープンガーデンは出入りが自由。海風を感じるひと時を過ごしましょう。

三方五湖レインボーラインで
絶景のなかをドライブしましょう

三方五湖は、5つの湖からなる総面積約11㎢に及ぶ湖の総称。
三方五湖レインボーラインをはじめ、湖の周囲を走る道路から雄大な眺めを満喫できます。

① れいんぼーらいんさんちょうこうえん
レインボーライン山頂公園

フォトジェニックな天空のテラスから
若狭湾&三方五湖を一望

レインボーラインの中心に位置する公園。足湯やソファに座りながら三方五湖、若狭湾を360度一望できる。全国のデートに最適な場所を選定する「恋人の聖地」にも認定。

☎0770-47-1170 住美浜町日向75-2-6 ¥入園1000円（リフト・ケーブルカー料金含む）◷9～17時（上り最終乗車16時30分、季節により変更あり）休冬季一部休業あり 交舞鶴若狭自動車道若狭三方ICから約8km P200台（500円）MAP折込裏B6

▲新設された南の展望台にある「五湖テラス」。五湖や街並みの眺めをより楽しめる

◀「恋人の聖地」の鐘、誰と鳴らす…?

▶東の展望台の「絶景 天空の足湯」では足湯に浸かりながら、パノラマビューが楽しめる

▶名物のブルーソフト400円。ほどよい塩味がおいしい

モデルコース

所要時間 約5時間

舞鶴若狭道・若狭三方ICから車で13分

① レインボーライン山頂公園
　↓ 車で8分
② 若狭町観光船レイククルーズ
　↓ 車で6分
③ JA福井県 梅の里会館
　↓ 車で4分
④ うなぎ淡水
　↓ 車ですぐ
⑤ 道の駅 三方五湖
　↓ 車で5分
⑥ みかた温泉きららの湯

舞鶴若狭道・三方五湖スマートICまで車で5分

② わかさちょうかんこうせんれいくくるーず
若狭町観光船
レイククルーズ

2つの湖をぐるりと巡る
穏やかな船の旅を満喫

三方五湖のうち、水月湖と菅湖の2つを巡る遊覧船。1階には冷暖房が完備され、2階からはすばらしい景観と湖上のすがすがしい風を満喫できる。野鳥の宝庫・菅湖では豊かな自然が楽しめる。

☎0770-47-1127 住若狭町海山68-20 ¥乗船1400円 ◷9～17時 休木曜、荒天・点検日（12月中旬～2月末休業）交舞鶴若狭自動車道三方五湖スマートICから約10km P30台 MAP折込裏B6

▲約40分間のレイククルーズはゆったりとした時間が流れる。冷暖房、トイレ完備で安心

④ うなぎ淡水
（うなぎたんすい）

主人こだわりの逸品を味わう

漁師として自らウナギ漁を行う主人が、三方五湖でとれる地物のクチボソアオウナギの料理を提供。わずか3年で成長するというウナギは、身がやわらかく上品な脂とうま味が特徴。

☎0770-45-1158 住若狭町鳥浜127-10 ⏰11時〜ウナギがなくなり次第終了 休火・水曜、臨時休業あり 交舞鶴若狭自動車道三方五湖スマートICから約2km Ｐ15台 MAP折込裏C7

▲うなぎ重箱5500円。直火で焼き上げた関西風のウナギは表面がサクッとした食感でおいしい

③ JA福井県梅の里会館
（じぇいえーふくいけん うめのさとかいかん）

ウメの加工場が営むショップ

県内約400の農家が栽培するという特産のウメを使ったみやげが揃う。肉厚で種が小さい品種・紅映を用いた梅干しや梅ジュースなど、併設の工場で作った製品を販売している。

☎0770-46-1501 住若狭町成出17-4-1 ⏰8時30分〜17時 休無休 交舞鶴若狭自動車道若狭三方ICから約8km Ｐ20台 MAP折込裏B7

▲梅ワイン（白・ロゼ）各500mℓ 1210円

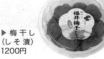

▶梅干し（しそ漬）1200円

▲福井の定番みやげからオリジナルの梅製品まで幅広い品揃え

⑤ 道の駅 三方五湖
（みちのえき みかたごこ）

湖畔の観光名所で名産品も買える

▲名産品の梅を使ったみやげ物も多い

▶福井梅使用の水月湖年縞羽二重餅

三方五湖の湖畔に位置する、福井県で13番目の道の駅。特産品販売所やレンタサイクルがあり、総合観光案内所では、観光地や宿泊の情報などを教えてくれる。

☎0770-45-0113（若狭三方五湖観光協会）住若狭町鳥浜122-31-1 ⏰9〜17時 休第1火曜（7〜8月は無休）交舞鶴若狭自動車道三方五湖スマートICから約1.3km Ｐ50台 MAP折込裏C7

⑥ みかた温泉きららの湯
（みかたおんせんきららのゆ）

日帰り天然温泉でリフレッシュ

趣のある建物が人気の日帰り入浴施設。天然温泉で塩分を含む湯は体が温まると評判。露天風呂は岩風呂と檜造りの2種類で、1週間ごとに男女を入れ替える。

☎0770-45-1126 住若狭町中央1-6-1 ¥入浴650円 ⏰10〜20時 休第1水曜 交舞鶴若狭自動車道三方五湖スマートICから約2km Ｐ50台 MAP折込裏C7

敦賀・三方五湖・小浜 ●三方五湖レインボーラインで絶景ドライブ

📖 レインボーライン山頂公園ではレインボーパラソルの無料貸出サービスを実施中。SNS映えするカラフルな写真に挑戦してみましょう。

風情ある宿場町でグルメを満喫
京都へと続く若狭街道・熊川宿

鯖を運ぶ街道の宿場町だった熊川宿では、内陸ながら新鮮なサバを食べられます。
400年以上の歴史ある町並みとおいしいグルメを楽しみましょう。

熊川宿って
こんなところ

小浜と京都を結ぶ若狭街道に
あり、交通と軍事の重要な拠点
として、天正17年（1589）に領
主・浅井長政が宿場町とした。
江戸時代初期から中期にかけ
て、200戸を超えるほど栄えて
いた。奉行所・番所・お蔵屋敷
の跡が残り、昔ながらの用水路
が流れている。
☎0770-45-9111（若狭町観光商工課）
交道の駅 若狭熊川宿／舞鶴若狭自動車
道若狭上中ICから約10km

1焼き鯖寿しや鯖寿しなどが人気 2若狭くずようかん
3熊川宿をイメージして建築された熊川の玄関口

道の駅 若狭熊川宿

郷土の特産品を
おみやげに

若狭の特産品などを販売する直
売所のほか、鯖寿しなどが味わ
える食堂や鯖街道がたどった歴
史を紹介する鯖街道ミュージア
ムもある。

☎0770-62-9111 住若狭町熊川11-1-1 営9時30分〜17時（3〜11月の土・日曜、
祝日は9〜18時）休3・6・9・12月の第2木曜 P78台（身体障害者用4台）MAP
折込表D6

くまがわばんしょ
熊川番所

人形などの展示物から
当時の様子がうかがえる

昔と同じ場所で復元し公開

小浜藩の番所の役割を終え民家として使用され
ていた建物を、使用可能な部材と土壁を再利用
し復元された。建物内には見張り役人の人形や当
時の役人が手にしていた道具類を展示している。
☎0770-62-0330（若狭鯖街道熊川宿資料館［宿場館］）
住若狭町熊川18-2 ¥入館50円 営10〜16時 休火・水・金
曜（祝日の場合は開館）、冬期変動あり 交道の駅 若狭熊川宿
から徒歩2分 P78台（道の駅 若狭熊川宿駐車場利用）
MAP折込表D6

1当時は町人が交替で番をしていたという

子どもたちを見守る大岩

大岩はその名のとおり街道脇にある大きな岩で、上ノ町の中ほどに突如現れる。古くから子どもたちが遊んでもけがをしないことから「子守り岩」ともよばれている。

さば* かふぇ
Saba* Cafe

サバとフランスパンの相性が◎

かつて若狭から京都へサバを運ぶ鯖街道の宿場町だったことにちなんだオリジナルメニューが人気。おすすめは、脂ののったサバフィレと特製マヨネーズソースを挟んだサバサンド。

☎0770-62-9048 住若狭町熊川12-16-2
⏱11時〜15時30分LO 休火・水曜、ほか不定休
交道の駅 若狭熊川宿から徒歩1分 P10台
MAP折込表D6

1 道の駅 若狭熊川宿のすぐ目の前にあり、テラス席も人気のカフェ 2 サバサンド（サラダ・ポテト・ドリンク付き）1800円。サバサンド丼もある

がれっときらり
ガレットKirari

そば処福井の新感覚ガレット

「若狭ものづくり美学舎きらり」の出張所として熊川宿に2023年11月OPEN。福井県産そば粉を100%使用し、具材も福井産にこだわったガレットを、若狭塗の箸で食べられる。

☎050-3565-5885 住若狭町熊川39-5-2
⏱10時30分〜15時30分LO 休月〜木曜（祝・祭日は営業）交舞の駅 若狭熊川宿から徒歩7分 P約10台 MAP折込表D6

1 北川農園（小浜市）のミディトマト〈タマゴ・チーズ・ハム入り〉1200円 2 はなひな農園（若狭町）の青ネギ&へしこ〈タマゴ・チーズ・ハム入り〉1200円

くずとさばずしのみせ まるしん
葛と鯖寿しの店
まる志ん

葛とサバにこだわった名店

国産の生サバだけを使用した、店主こだわりの自家製鯖寿しと、注文を受けてから作る葛もち、葛きりなどの葛スイーツは絶品。

☎0770-62-0221 住若狭町熊川39-11-1
⏱10時〜15時30分LO 休水曜 交道の駅 若狭熊川宿から徒歩8分 P5台 MAP折込表D6

1 ねばりともちもちの食感がくせになる葛もち700円 2 肉厚で身が締まった鯖寿し1本3500円はサバのうま味が詰まった逸品

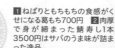

熊川宿のもう1つの名物が葛（くず）。手間ひまかかった熊川葛は上品な味わい。県内各地の和菓子屋さんでも葛菓子を多く扱っています。

鯖街道に点在する食事処で
本場小浜のサバをいただきます

若狭と京都を結ぶいくつかの道の総称「鯖街道」のスタート地点が小浜の街です。
身のしまった刺身はもちろん、焼きたてのサバを味わいつくしましょう。

すしまさ
すし政

2種の変わり寿司を
一皿で味わえる

日本海の鮮魚を使う創業60年余の寿司店。若狭湾でとれる新鮮な魚にこだわり、寿司飯も福井県産のコシヒカリを使用。こだわりある鯖寿司が名物で、「ほかにない」を信条に提供している。焼き鯖寿司のほか鯖寿司3000円、小鯛すゞめ寿し2000円など多彩なメニューを揃える。

☎0770-52-0875 ⓘ小浜市大手町5-13 ⏰11時30分～14時30分、17時～20時30分※売り切れ次第閉店 ⓒ月～木曜 ⓔJR小浜駅から徒歩7分 Ⓟ6台 ⓂⒶⓅP103A2

焼き鯖寿司2000円。大葉としょうがの効いたちらしと、口どけのよい握りが一皿に
若狭塗のつけ台や水の流れるカウンターが歴史とこだわりを主張

はまのしき
濱の四季

若狭湾の豊かな
海の幸が満載

「御食国若狭おばま食文化館」に隣接し、若狭湾が目の前に広がる和食レストラン。若狭の旬の食材、新鮮な魚で小浜の魅力を楽しめる。

☎0770-53-0141 ⓘ小浜市川崎3-5 ⏰11時～14時30分(14時LO) ⓒ第1・3木曜(祝日の場合は営業) ⓔJR小浜駅から車で5分 Ⓟ80台 ⓂⒶⓅP103A1

お刺身盛り合わせ1500円。小浜で獲れた鯖の〆さばや甘エビ、そのほか季節の地魚の合計5種を味わうことができる

魚をぬか漬けにした福井県の伝統食品、へしこ(刺身)500円。薄切りの大根とともに味わう

若狭フィッシャーマンズ・ワーフで絶景と海鮮を楽しんで

1階はお土産コーナーで鮮魚と寿司のテイクアウトも。2階は食事処がある。館の前が船の発着所になっていて3月～11月はクルージング「蘇洞門（そとも）めぐり」も楽しめる。
☎0770-52-3111 **MAP**P103A1

わかすぎすえひろてい
若杉末広亭

風情ある旅館で
焼きたてサバを堪能

サバや甘鯛、若狭牛、季節の味覚であるフグなど、若狭の食材をふんだんに味わえる料理旅館。宿泊はもちろん食事のみの利用もできる。

大通り沿いにある料理旅館。

☎0770-53-0202 **住**小浜市大手町8-5 **時**11時30分～14時、18～20時 **休**無休 **交**JR小浜駅から徒歩10分 **P**25台 **MAP**P103A1

鯖浜焼き膳3300円。浜焼き鯖（2名で1本）や刺身、小鉢、茶碗蒸しなど全7品

鯖寿司定食1760円。肉厚の鯖寿司におろしそばが付いたランチ限定の定食

しきさいかん すいげつ
四季彩館 酔月

肉厚な鯖寿司を
明治の料亭の空間で

「町並みと食の館」内にある食事処。建物は、明治初期に建てられた料亭「酔月」を再現。店内では焼き鯖寿司3貫880円のほか、サバのへしこ焼や若狭牛陶板焼なども味わえる。

☎0770-52-5246 **住**小浜市小浜飛鳥108 **時**11時30分～13時30分LO、17時30分～20時LO(夜は要予約)、喫茶10～16時 **休**水曜 **交**JR小浜駅から車で7分 **P**小浜公園駐車場利用 **MAP**P103A2

箱階段など町家の風情が残る空間。ギャラリーや展示室もある

小浜駅周辺
0 200m
徒歩約3分

交通ガイド

福井へのアクセス

2024年3月に延伸した北陸新幹線で東京からのアクセスが便利になった。大阪方面からは
JRの北陸線直通特急が早い。名古屋方面からも鉄道が早いが、高速バスの利用もある。

新幹線・鉄道で行く

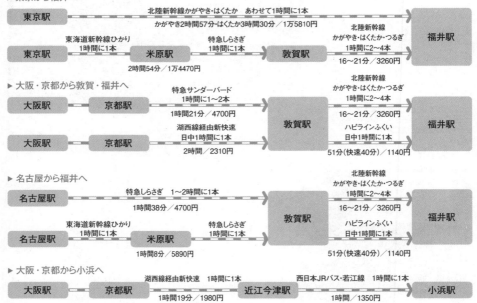

▶ 東京から福井へ

東京駅 ━━ 北陸新幹線かがやき・はくたか　あわせて1時間に1本 ━━ 福井駅
かがやき2時間57分・はくたか3時間30分／1万5810円

東京駅 ━━ 東海道新幹線ひかり 1時間に1本 ━━ 米原駅 ━━ 特急しらさぎ 1時間に1本 ━━ 敦賀駅 ━━ 北陸新幹線 かがやき・はくたか・つるぎ 1時間に2〜4本 ━━ 福井駅
2時間54分／1万4470円
16〜21分／3260円

▶ 大阪・京都から敦賀・福井へ

大阪駅 ━ 京都駅 ━━ 特急サンダーバード 1時間に1〜2本 ━━ 敦賀駅 ━━ 北陸新幹線 かがやき・はくたか・つるぎ 1時間に2〜4本 ━━ 福井駅
1時間21分／4700円
16〜21分／3260円

大阪駅 ━ 京都駅 ━━ 湖西線経由新快速 日中1時間に1本 ━━ 敦賀駅 ━━ ハピラインふくい 日中1時間に1本 ━━ 福井駅
2時間／2310円
51分（快速40分）／1140円

▶ 名古屋から福井へ

名古屋駅 ━━ 特急しらさぎ　1〜2時間に1本 ━━ 敦賀駅 ━━ 北陸新幹線 かがやき・はくたか・つるぎ 1時間に2〜4本 ━━ 福井駅
1時間38分／4700円
16〜21分／3260円

名古屋駅 ━━ 東海道新幹線ひかり 1時間に1本 ━━ 米原駅 ━━ 特急しらさぎ 1時間に1本 ━━ 敦賀駅 ━━ ハピラインふくい 日中1時間に1本 ━━ 福井駅
1時間8分／5890円
51分（快速40分）／1140円

▶ 大阪・京都から小浜へ

大阪駅 ━ 京都駅 ━━ 湖西線経由新快速　1時間に1本 ━━ 近江今津駅 ━━ 西日本JRバス・若江線　1時間に1本 ━━ 小浜駅
1時間19分／1980円
1時間／1350円

福井のお得なtabiwaパス

JR西日本の旅行サイト「tabiwa by WESTER」
からスマホで購入するモバイルチケット。

●越前tabiwaパス　2500円
ハピラインふくい南今庄駅〜牛ノ谷駅間とJR越
美北線全線、京福バスの一乗谷・大野方面の
指定区間が2日間乗り放題。一乗谷朝倉氏遺跡
博物館など観光施設の入場券付き。利用開始
当日まで購入でき、2025年3月31日まで発売
（利用は4月1日まで）。

●小浜線tabiwaパス　2200円
JR小浜線敦賀駅〜東舞鶴駅間が2日間乗り放
題。御食国若狭おばま食文化館などの入場券や、
若狭塗り箸研ぎ体験、指定飲食店で提供品の特
典付き。利用開始当日まで購入でき、2025年3
月31日まで発売（利用は4月1日まで）。

┃プランニングアドバイス

福井駅 北部観光の起点
JR福井駅東口のえちぜん鉄道福井
駅から、あわら温泉・三国方面や永
平寺口・勝山方面への電車が連絡。
西口前の福井駅電停からは、越
前市武生方面への福井鉄道の電車
が出る。バスは路線バスが福井駅西
口のバスターミナルに、永平寺ライ
ナーなど観光特急と空港バス・高速
バスが東口に発着。

敦賀駅 若狭観光の入口
敦賀駅はJR北陸線とJR小浜線の分
岐駅で、市内周遊バスも発着。京阪
神から小浜線小浜駅へは、JR湖西
線近江今津駅から西日本JRバス利
用のルートが、安くて早い。

☎ おもな問合せ先

【鉄道】
●JR西日本（お客様センター）
☎0570-00-2486
●JR東海（テレフォンセンター）
☎050-3772-3910
●JR東日本（お問い合わせセンター）
☎050-2016-1600
●ハピラインふくい
☎0776-20-0294

【飛行機】
●ANA（全日空）　☎0570-029-222
●JAL（日本航空）　☎0570-025-071

【バス】
●西日本JRバス　☎0570-00-2424
●JR東海バス　☎0570-048939
●名鉄バス　☎052-582-0489
●北鉄加賀バス（北陸テレホンサービスセンター）
☎076-237-5115

飛行機で行く

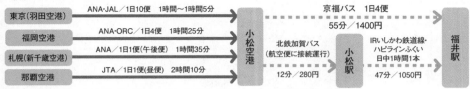

東京(羽田空港)	ANA・JAL／1日10便　1時間〜1時間5分
福岡空港	ANA・ORC／1日4便　1時間25分
札幌(新千歳空港)	ANA／1日1便(午後便)　1時間35分
那覇空港	JTA／1日1便(昼便)　2時間10分

小松空港 →

京福バス　1日4便
55分／1400円

北鉄加賀バス
(航空便に接続運行)
12分／280円

小松駅

IRいしかわ鉄道線・
ハピラインふくい
日中1時間1本
47分／1050円

福井駅

※航空の料金は、搭乗日や利用する便、航空会社の空席予測で変わります。各社のホームページでご確認ください

高速バスで行く

地域	出発地	経由地・行き先(バス愛称名)	問合せ先	片道ねだん	所要時間	便数(1日)
首都圏	TDL・東京駅・鍛冶橋駐車場	敦賀白銀町〜武生駅〜福井駅東口(終着は小松駅)	中日本ハイウェイバス	4500〜6000円	8時間5分 (東京駅〜福井駅)	☆1便
	TDL・BT東京八重洲・バスタ新宿	福井駅東口	オリオンツアー	9000〜1万6000円	9時間15分 (バスタ新宿〜福井駅)	週4便①
	横浜駅スカイビル・東京駅鍛冶橋駐車場・大宮駅西口	福井駅東口	杉崎高速バス	5000〜1万5000円	10時間20分 (東京駅〜福井駅)	☆1便
	横浜YCAT・バスタ新宿	福井駅東口	さくら観光バス	1万4000円	9時間55分 (バスタ新宿〜福井駅)	☆1便
関西	USJ・大阪駅高速BT・京都駅中央口	福井駅東口(終着は金沢駅)	西日本JRバス	2000〜5200円	4時間33分 (大阪駅〜福井駅)	1便
	大阪梅田プラザMP・京都駅中央口	福井駅東口〜あわら湯のまち駅(終着は加賀温泉駅)	日本海観光バス (ブルーライナー)	3500円②	4時間20分② (大阪梅田〜福井駅)	1便
名古屋	名鉄BC・名古屋駅太閤通口	敦賀IC〜越前たけふ駅〜鯖江IC〜福井駅東口 (土・日曜、祝日に1便延長→三国駅〜あわら湯のまち駅)	名鉄バス、 JR東海バス	3600円③	3時間③	10便

※BTはバスターミナル、BCはバスセンター、MPはモータープール。☆は夜行便あり
①東京発は木〜日曜、福井発は金〜月曜運行　②あわら湯のまち駅まで4000円、5時間5分　③あわら湯のまち駅まで4100円、4時間25分

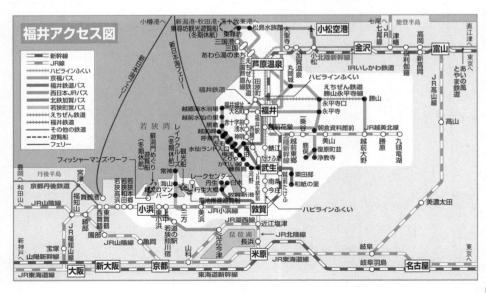

福井アクセス図

━━	新幹線
━━	JR線
━━	ハピラインふくい
━━	京福バス
━━	福井鉄道バス
━━	西日本JRバス
━━	北鉄加賀バス
━━	若狭町営バス
━━	えちぜん鉄道
━━	福井鉄道
━━	その他の鉄道
───	遊覧船
━━	フェリー

福井県内でのアクセス

福井から各主要観光地へは鉄道やバスを活用できる。それ以外への路線はJR・バスともに運行本数が少ないので注意。東西に長い福井県では、県内の移動にも車が便利。

鉄道・バスで行く

▶ 永平寺・勝山方面

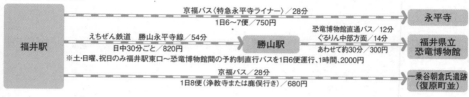

京福バス〈特急永平寺ライナー〉／28分
1日6〜7便／750円
永平寺

えちぜん鉄道　勝山永平寺線／54分
日中30分ごと／820円
勝山駅
恐竜博物館直通バス／12分
ぐるりん中部方面／14分
あわせて約30分／300円
福井県立恐竜博物館

※土・日曜、祝日のみ福井駅東口〜恐竜博物館間の予約制直行バスを1日6便運行、1時間、2000円

京福バス／28分
1日8便（浄教寺または鹿俣行き）／680円
一乗谷朝倉氏遺跡（復原町並）

▶ 東尋坊・あわら温泉方面

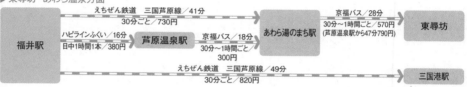

えちぜん鉄道　三国芦原線／41分
30分ごと／730円
あわら湯のまち駅
京福バス／28分
30分〜1時間ごと／570円
（芦原温泉駅から47分790円）
東尋坊

ハピラインふくい／16分
日中1時間1本／380円
芦原温泉駅
京福バス／18分
30分〜1時間ごと／300円

えちぜん鉄道　三国芦原線／49分
30分ごと／820円
三国港駅

▶ 越前・鯖江・武生方面

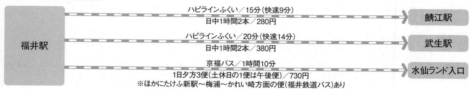

ハピラインふくい／15分（快速9分）
日中1時間2本／280円
鯖江駅

ハピラインふくい／20分（快速14分）
日中1時間2本／380円
武生駅

京福バス／1時間10分
1日夕方3便（土休日の1便は午後便）／730円
水仙ランド入口
※ほかにたけふ新駅〜梅浦〜かれい崎方面の便（福井鉄道バス）あり

▶ 若狭・小浜方面

JR小浜線／31分
1日12本／510円
三方駅
敦賀駅から1時間07分
1日12本／990円
小浜駅
敦賀駅から1時間27分
直通1日10本／1,170円
若狭本郷駅

西日本JRバス／30分
1時間ごと／840円
道の駅若狭熊川宿

お得なフリーきっぷ

●京福バスフリーきっぷ
「永平寺・丸岡城・東尋坊2日フリーきっぷ」2500円、「東尋坊2日フリーきっぷ」1500円、「朝倉・永平寺1日フリーきっぷ」1800円、土・日曜、祝日に当日のみ利用できる「休日フリーきっぷ」1600円など、多彩なフリーきっぷを福井駅東口バスチケットセンターなどで発売。すべてモバイルチケットもあり、スマホで購入できる。

●えちぜん鉄道フリーきっぷ
恐竜博物館への鉄道・バスの割引きっぷ「恐竜博物館用交通セット券」1700円（有効1日）、あわら温泉の指定旅館宿泊で1000円キャッシュバックの「あわら温泉宿泊フリーきっぷ」2000円（有効2日）、土・日曜、祝日限定でえちぜん鉄道全線が乗り放題の「1日フリーきっぷ」1200円（福井鉄道も乗れるものは1700円）をえちぜん鉄道各有人駅などで発売。

☎ おもな問合せ先

【鉄道】
●えちぜん鉄道（お客様相談室）
☎0120-840-508
●福井鉄道（鉄道事業本部）
☎0778-21-0706

【路線バス】
●京福バス（福井営業所）
☎0776-54-5171
●福井鉄道バス（自動車部）
☎0778-21-0703

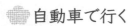

自動車で行く

▶ 東尋坊へ

| 北陸道 金津IC | 県道124号・地方道・県道153号・9号・101号・地方道・県道7号 19km | 東尋坊 |

| 北陸道 加賀IC | 県道61号・国道305号・地方道・県道7号 22km | 東尋坊 |

▶ 恐竜博物館(勝山)へ

| 北陸道 福井北IC | 永平寺大野道路(勝山IC)・県道260号・国道416号・県道261号 25km | 恐竜博物館 |

| 北陸道 丸岡IC | 県道38号・17号・国道364号・県道17号・国道416号・県道261号 27km | 恐竜博物館 |

▶ 永平寺へ

| 北陸道 福井北IC | 永平寺大野道路(永平寺参道IC)・国道364号 8km | 永平寺 |

| 北陸道 福井IC | 国道158号・国道364号 15km | 永平寺 |

▶ 三方五湖へ

| 舞鶴若狭道 三方五湖スマートIC | 国道162号・県道216号 10km | レイククルーズ 海山さん橋 |

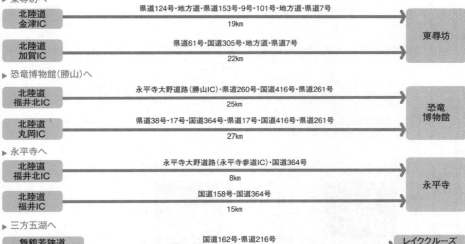

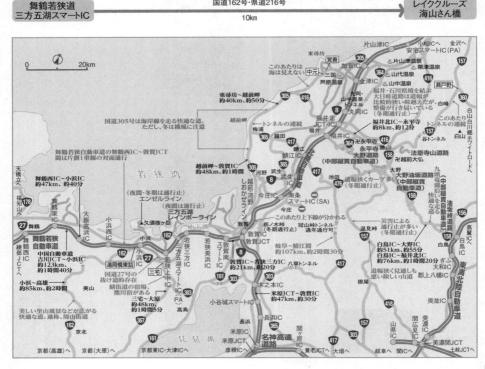

福井の知っておきたいエトセトラ

福井の関する祭りやイベント、花景色など、
出かける前に知っておくと役に立つ情報を紹介します。

福井市を中心に北側を「嶺北」、敦賀市から以南を「嶺南」といい、それぞれ異なった歴史・文化の土地柄を背景に年間を通して素敵な祭りやイベントが盛りだくさん。

2月初旬〜中旬
星降るランタンナイト
星空の世界遺産と言われる「星空保護区」にも認定されている大野市（六呂師高原）で開催。台湾やタイのように火を使ったスカイランタンが浮かび上がり幻想的。
問合せ☎0779-65-5521（越前おおの観光ビューロー）MAP折込裏F3

4月上旬〜下旬
丸岡城桜まつり
北陸地方唯一の現存天守、坂井市の丸岡城はソメイヨシノの名所。夜桜や天守のプロジェクションマッピングも美しい。問合せ☎なし MAP折込裏C2

5月上旬
さばえつつじまつり
約5万株が咲き誇る日本海側随一のツツジの名所で毎年5月に行われる。公園の展望台から鯖江市街地や白山連峰を眺められる。
問合せ☎0778-52-2323（さばえつつじまつり実行委員会）MAP P87

8月上旬
三国花火大会
坂井市で開催される北陸最大級の花火大会。名物の水中花火は火のついた花火の玉を海に投げ入れる方法。水面を半円の花火が彩る。問合せ☎0776-50-3152（三国花火大会実行委員会事務局）MAP P59A2

8月中旬
とうろう流しと大花火大会
敦賀市の名勝・氣比の松原の海水浴場の海上をとうろうが彩り、さらに大きく華麗な花火が夜空に舞う。海と空に光と音の豪華絵巻が繰り広げられる。
問合せ☎0770-22-8167（敦賀観光協会）MAP折込表D4

9月上旬
敦賀まつり
敦賀市の氣比神宮の祭礼に合わせて開催。神輿や等身大の人形に本物の甲冑をつけた6基の山車が市内を練り歩く。問合せ☎0770-22-8122（敦賀まつり振興協議会事務局）MAP折込裏F7

11月中旬
越前かにまつり・越前がに朝市
越前がに漁の解禁に合わせて開催されるカニの祭典。越前町内の会場では新鮮な越前がにや、海鮮グルメを堪能できる。
問合せ☎0778-37-1234（越前かにまつり実行委員会）MAP P73A2

12月中旬〜2月中旬
越前海岸の水仙
全日本三大群生地として知られる越前海岸の水仙。甘い香りを漂わせ冬の斜面に咲く。見頃を迎える12月中旬から「水仙まつり」も開催。
問合せ☎0778-37-1234（越前町観光連盟）MAP P73A2

日本で最も多くの恐竜化石が見つかっている恐竜王国の謎に迫る。

どうして福井県は恐竜王国なの？
福井県勝山市に日本最大の恐竜化石発掘地があり、日本で一番多くの恐竜化石が発掘されている。早くから大規模で集中的な発掘を継続している。

福井県立恐竜博物館には何があるの？
日本一、世界3大恐竜博物館の一つで、実物・レプリカを合わせて50体もの全身骨格化石がある。グルメも買い物も充実。野外ツアーでワクワク体験も。

福井の学名がついた恐竜がいるの？
フクイラプトル・キタダニエンス、フクイサウルス・テトリエンシス、フクイティタン・ニッポネンシス、コシサウルス・カツヤマ、フクイベナートル・パラドクサス。そして2023年に学名を認められたティラノミムス・フクイエンシス。福井で発掘された6種の恐竜はそれぞれ福井の地名から名付けられている。

今も、新種の骨が発掘されているってホント？
福井で最初に恐竜の化石が発見されたのは1988年。そして2023年に「ダチョウ型恐竜」とよばれるオルニトミモサウルス類の新属新種、学名「ティラノミムス・フクイエンシス」の論文が公開されている！

JR福井駅周辺の恐竜たちがパワーアップ？
2024年3月の北陸新幹線延伸にともない、今まで以上に恐竜のオブジェが増えた。駅周辺の恐竜巡りの時間もスケジュールに入れておきたい。

ゆかりの文化人・偉人

城下町・福井の街を整備した武将、西洋料理の祖、作家、ノーベル物理学賞受賞者。福井の叡智を紐とく。

朝倉孝景
一乗谷を本拠に5代100余年にわたり越前を支配した戦国大名家の初代。福井の城下町を築く。

写真：大圓山心月寺

秋山徳蔵
国高村（現越前市）に生まれる「天皇の料理番」として知られ、明治〜昭和の西洋料理の礎を築く。

出典：近代日本人の肖像

いわさきちひろ
武生市に生まれる。日本を代表する花と子どもの絵本画家。生誕の家として同市内に記念館がある。

写真：ちひろ美術館

南部陽一郎
福井市で幼少から高校まで過ごす。2008年ノーベル物理学賞を受賞。1970年、日本から米国へ帰化。

写真：毎日新聞社/アフロ

かこさとし
国高村（現越前市）生まれの絵本作家。『だるまちゃん』、『からすのパンやさん』シリーズなどが有名。

写真：加古総合研究所

福井が舞台の作品

福井を訪れる前に読んだり、訪れた後に「あの場所！」と感激したり。聖地巡礼したくなるザ・福井満載の作品。

千歳くんはラムネ瓶のなか
福井出身の著者による、福井が舞台の青春ラブコメ小説。細かい描写にうれしくなる。

ガガガ文庫／著：裕夢・イラスト：raemz

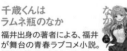

2.43 清陰高校男子バレー部
主人公が母方の郷里・福井に転居しバレーに情熱をかける。福井県満載の青春小説。

集英社／著：壁井ユカコ

おしょりん
めがねの聖地・福井の礎を築いた人たちの映画（KADOKAWA）。おしょりんは方言で田畑に積もった雪が固く凍った状態を指す。

【原作】ポプラ社／著：藤岡陽子

福井の絶景

若狭湾南側の海岸線は典型的なリアス式海岸で、長い年月が生み出した唯一無二の絶景を見ることができる。

東尋坊（☞P56）
ポスターやTVの撮影で利用されることも多い撮影スポット。断崖絶壁に迫る波しぶきがダイナミック。

蘇洞門
小浜湾の内外海半島北側の海岸にある海蝕洞で、日本海の荒波が創りあげた海の芸術を見られる。

気比の松原
敦賀湾最奥部に広がる白砂と青松が美しい景勝地で日本三大松原の一つ。国の名勝にも指定。

瓜割の滝
あまりの冷たさに"瓜"が割れたという伝説が由来。名水百選や「おいしい水・全国第2位」に選抜。

明鏡洞
八穴の奇勝のうち一番大きな洞窟。洞穴から見える水平線の景色が鏡に映ったように見えたことから。

福井の花景色

春を彩る桜、北陸の眩しい日差しに似合うひまわり、冬の海岸に健気に咲き競う水仙の美しさに心惹かれる。

足羽川の桜（☞P22）
市街の中心を流れる足羽川沿いの並木道。約2.2km続く桜並木のトンネルに。

問合せ ☎0776-20-5346
（福井市観光振興課）**MAP** P37A4

池上ひまわりパーク
約20万本のひまわりが坂井市の公園を埋め尽くす。花を自由に摘めるエリアもあり。

問合せ ☎0776-82-0356（加戸・公園台コミュニティセンター）**MAP** 折込裏C1

ゆりの里公園
坂井市春江町が整備したゆりをシンボルとした公園に、約15万本の花が咲く。

問合せ ☎0776-58-0100（ゆりの里公園）**MAP** 折込裏C2

刈込池の紅葉
ブナやミズナラなど原生林に囲まれた幡ヶ平にある湖沼が錦繍の美しい風景になる。

問合せ ☎0779-65-5521（越前おおの観光ビューロー）**MAP** 折込裏G2

越前海岸の水仙
日本三大群生地の一つとして数えられ、その面積は日本一を誇る。

問合せ ☎0778-37-1234（越前町観光連盟）**MAP** P73A2

福井弁にも違いが⁈

北陸よりの福井弁と京都弁よりの嶺南方言。木ノ芽峠を境に方言にも違いが。

あたる → もらう（福井弁）
いけえ→ 大きい（福井弁）
かたい → 元気（全域）
ほっこりする → 疲れる（嶺南方言）
てんぼな → とても（嶺南方言）
きょーとい → 恐らしい（嶺南方言）

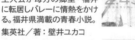

福井の知っておきたいエトセトラでご紹介の絶景や風景も映画のロケ地になっています。福井のロケ地を探してみませんか。

旅のエトセトラ ● 福井の知っておきたいエトセトラ

INDEX さくいん

ココミル

福井
東尋坊 恐竜博物館
中部⑫

2024年6月15日初版印刷
2024年7月1日初版発行

編集人：眞野邦生
発行人：盛崎宏行
発行所：JTBパブリッシング
　　　　〒135-8165
　　　　東京都江東区豊洲5-6-36　豊洲プライムスクエア11階

編集・制作：情報メディア編集部
編集デスク：宮澤珠里
編集スタッフ：齋藤沙良
取材・編集：K&Bパブリッシャーズ／蟹澤純子／山上絵里／
AVANCER（沖﨑松美・赤須朋子）／
笹島美由起・グリーンラボ（友廣みどり）／間貞鷹

アートディレクション：APRIL FOOL Inc.
表紙デザイン：APRIL FOOL Inc.
本文デザイン：APRIL FOOL Inc.
K&Bパブリッシャーズ
イラスト：平澤まりこ
撮影・写真：クリアライト（山城卓也）／北川朋伸／PIXTA／
アマナイメージズ／アフロ／関係各施設・市町村
地図：ゼンリン／ジェイ・マップ
組版・印刷所：TOPPAN

すてきな思い出
できました♪

編集内容や、商品の乱丁・落丁の
お問合せはこちら

JTB パブリッシング お問合せ

https://jtbpublishing.co.jp/
contact/service/